章健文 ◎ 主编

积习成性

基于幼小衔接的习惯养成案例

上海社会科学院出版社
SHANGHAI ACADEMY OF SOCIAL SCIENCES PRESS

图书在版编目(CIP)数据

积习成性：基于幼小衔接的习惯养成案例 / 章健文主编 .— 上海：上海社会科学院出版社，2024
 ISBN 978-7-5520-4343-3

Ⅰ．①积… Ⅱ．①章… Ⅲ．①习惯性—能力培养—学前教育—教学参考资料 Ⅳ．①G613.3

中国国家版本馆 CIP 数据核字(2024)第 053866 号

积习成性——基于幼小衔接的习惯养成案例

主　　编：	章健文
责任编辑：	路　晓
封面设计：	徐　蓉
出版发行：	上海社会科学院出版社
	上海顺昌路 622 号　邮编 200025
	电话总机 021 - 63315947　销售热线 021 - 53063735
	https://cbs.sass.org.cn　E-mail:sassp@sassp.cn
照　　排：	上海碧悦制版有限公司
印　　刷：	苏州市古得堡数码印刷有限公司
开　　本：	787 毫米×1092 毫米　1/16
印　　张：	11.5
字　　数：	185 千
版　　次：	2024 年 4 月第 1 版　2024 年 4 月第 1 次印刷

ISBN 978-7-5520-4343-3/G · 1306　　　　　　　　　定价:57.50 元

版权所有　翻印必究

主　编：章健文
副主编：陈久华　黄敏君
编　委：安林晓　蒋伟伟　陆志英　盛桂兴
　　　　李　珍　方文晶　袁　敬　李继文
　　　　陆君珍　汤晓磊　邬维玮　陈孝云
　　　　周　慧

前 言 | PREFACE

《上海市学前教育三年行动计划(2019—2021年)》中曾明确要求深化幼儿园与小学教育的双向衔接,让幼儿在学前阶段提前进行入学准备期教育,进入小学之后通过适应性教育让幼儿提高各方面的能力。

2021年3月,教育部发布了《关于大力推进幼儿园与小学科学衔接的指导意见》,为实现幼儿园与小学之间的科学衔接提供了政策依据,其目的是促进儿童的身心健康发展,为儿童的终身发展打下坚实的基础。

幼儿园与小学是两个不同的教育阶段,教育理念和教学方式存在一定的差异。从儿童发展的角度看,儿童在幼儿园阶段保教并重,进入小学后学习任务增加。开展有效的幼小双向衔接,可以帮助儿童更好地适应这种变化,减少过渡期的压力和不适感,促进儿童的身心发展。

幼小双向衔接是一项系统工程,然而由于幼儿园和小学分属两个不同教育阶段,长期以来两者之间了解和沟通不足,导致各学段按各自的轨道走,缺少教育阶段性和连续性的相互融合。

我们认为习惯在一个人成长的过程中起着重要的作用,而目前尚未形成有系统性和针对性的教育内容。浦东新区成立项目组进行内容和做法的攻关研究,力图打破幼儿园和小学各自为阵的局面。由小学起始年级学科教研员与幼教大班教研员联手,选择不同层次、不同发展水平的小学和幼儿园作为项目校(园),开展有区别、有针对性的实践探索,有效开展幼小衔接。同时建立并实施幼儿园与小学教师联合教研机制、双向交流机制,共同探讨幼儿良好习惯养成的有效做法。

本研究将"良好习惯养成"细分为十个方面的内容,即礼貌习惯、口语表达习惯、倾听习惯、作业习惯、思维习惯、行为习惯、交往习惯、运动(活动)习惯、劳动习惯、审美习惯,并研究每个方面的具体做法。

通过教研员蹲点实验校、幼儿园和小学之间相互联动、定期开展幼小双向衔接专题活动等方式,取得了初步成果。本书从396个案例中精选40个案例,分十个方面,每个方面幼儿园和小学各2个案例,以利于从衔接的视角看教师的实践成果。

由于实践活动的展开还不够深入,编入本书的案例难免有不够确切的地方,还请读者批评指正。

目 录 | CONTENTS

前言

第一部分　礼貌习惯

1. 因祸得福的"口头禅" ………… 上海市浦东新区龚路中心小学　陆菲茵 / 003
2. 我们都是懂礼貌的"晓"朋友 … 上海市浦东新区北蔡镇中心小学　厉雯卿 / 008
3. 成为礼貌小达人 ………………… 上海市浦东新区海洲幼儿园　沈旺莉 / 012
4. 着急的优优 ……………………… 上海市浦东新区馨苑幼儿园　尚书林 / 015

第二部分　口语表达习惯

5. 做一个会说话的小学生 ……… 上海市浦明师范学校附属小学　李　梅 / 021
6. 从识字大王到好奇不倒"问" … 上海市浦东新区南汇外国语小学　陶　俐 / 025
7. 优优的"小课堂" ………………… 上海市浦东新区浦南幼儿园　金晓敏 / 028
8. "你一言,我一语",大家一起来辩论………………………………………
　　　　　　　　　　　　上海市浦东新区绣川幼儿园　盛伊丽 / 033

第三部分　倾听习惯

9. 会倾听,棒宝宝 ………………… 上海市浦东新区竹园小学　马晓梅 / 039
10. 大耳朵和小星星 ……………… 上海市浦东新区华高小学　程　琛 / 043
11. 带上耳朵去游戏 ……………… 上海市临港新城海音幼儿园　朱丹红 / 047
12. "听"动物游戏的故事 ………… 上海市浦东新区东方德尚幼儿园　金丹丽 / 050

第四部分　作业习惯

13. "晓晓"的世界，大大的发现 ……… 上海市浦东新区明珠小学　眭　姝 / 055
14. 写字中的魔术 ………………… 上海市浦东新区惠南小学　汤佳雯 / 059
15. 优优的作业之旅 ……………… 上海市浦东新区汇贤幼儿园　张　叶 / 063
16. 上课会分心的优优 …………… 上海市浦东新区中市街幼儿园　陈舒凝 / 067

第五部分　思维习惯

17. 第一次英语故事表演 … 上海市浦东新区福山唐城外国语小学　韩玲婕 / 073
18. 乐学、善思的"晓"伙伴们 …………… 上海市实验学校东校　康逸红 / 077
19. 探索沙漏的秘密 ……………… 上海市浦东新区浦南幼儿园　杨　燕 / 081
20. 脑筋转一转，罐子听我话 …… 上海市浦东新区天天乐幼儿园　杨丽君 / 085

第六部分　行为习惯

21. 晓晓的时间 …………………… 上海市浦东新区曹路打一小学　曹昱婷 / 091
22. 从"挑食宝"到"光盘侠" ……… 上海市浦东新区周浦小学　菅俐馨 / 094
23. 小小监督员 …………………… 上海市浦东新区中市街幼儿园　何佳妮 / 098
24. 我是小小军事迷 ……………… 上海市浦东新区川沙幼儿园　夏玲玲 / 102

第七部分　交往习惯

25. 晓晓结交到新朋友了 ………………… 上海市民办中芯学校　韦力萍 / 109
26. 获得掌声的晓晓 ……………… 上海市浦东新区明珠小学　邱家祺 / 113
27. 我是"小队长" ………………… 上海市浦东新区浦南幼儿园　孙珈蔚 / 117
28. 不再被拒绝的优优 ………… 上海市浦东新区东方尚博幼儿园　任培晓 / 121

第八部分　运动(活动)习惯

29. 小弄堂也能练技能 ………… 上海市浦东新区南汇外国语小学　董丹城 / 127
30. 运动促成长 ……………… 上海市浦东新区明珠小学　杨　毅 / 130
31. 戴好护具保护自己 ………… 上海市浦东新区东方德尚幼儿园　王希凡 / 134
32. 消防安全大作战 …………… 上海市浦东新区东方德尚幼儿园　成　圆 / 137

第九部分　劳动习惯

33. 我是班级值日生 …………………… 上海市浦东新区周浦小学　贾智芝 / 143
34. 晓晓劳动成长记 ………………… 上海市浦东新区第二中心小学　谢舟丽 / 146
35. 我劳动,我快乐,我光荣 ………… 上海市浦东新区高科幼儿园　费丽华 / 150
36. 一起做值日任务小达人 ………… 上海市浦东新区巨野幼儿园　张　嫣 / 154

第十部分　审美习惯

37. 古诗唱进歌里去 ………… 上海市浦东新区张江高科实验小学　连　蕾 / 161
38. 变"啡"为宝 ……………………… 上海市浦东新区明珠小学　孙怡菁 / 165
39. 色彩斑斓的艺术 ………………… 上海市浦东新区高科幼儿园　张玉丽 / 168
40. 娃娃走进京剧,发现和感受美 … 上海市浦东新区海洲幼儿园　陆燕莉 / 171

第一部分　礼貌习惯

1. 因祸得福的"口头禅"

上海市浦东新区龚路中心小学　陆菲茵

一天下午,距离放学还有一段时间,同学们都在收拾自己的东西,做好了排队的准备。突然,教室门口有几个孩子在大声嚷嚷。没过多久,声音越来越大,班级里的晓晓还是那么一副天不怕地不怕的样子,她被一群孩子围在中间,大家都在七嘴八舌地议论着。这时,晓晓开始大喊:"能不能别挤我呀,我只不过说了她几句'傻子'而已,又不是什么大事!"这时老师闻声走了过来,一看,原来被围在一群孩子中间的不止晓晓一个人,还有班中另一个女生欢欢,她蹲在地上不停地哭。"怎么回事儿呀,你怎么哭了?"旁边几个孩子一拥而上说:"老师,晓晓骂她了!""对,晓晓说她是个'傻子',而且晓晓一直说,就把欢欢弄哭了!"听后,老师的表情变得严肃起来,她看着晓晓:"你真的这么说欢欢了吗?"晓晓低着头,脸颊通红,但表情中却流露出了一丝不屑:"这只是我的口头禅而已!"随后老师说道:"下次不能再这样说其他小伙伴了,你得跟欢欢道歉。"晓晓满脸不甘地扔下一句"对不起"就排队去了。但在排队的时候,班里小伙伴们的小嘴巴里依然传来对晓晓的指责:"她真是太没有礼貌了!""对呀,跟欢欢道歉也不诚恳,我们以后还是远离她吧。"……

发现了晓晓的"口头禅"后,老师决定对她的行为习惯进行观察,并制定了一个日常行为习惯记录表,从周一到周五每天记录晓晓的不文明行为。(见表1)

表1　晓晓行为习惯记录表

	举止行为习惯	问题行为程度	出现次数指数
周一	使用不文明用语	★★★★	★★★★
周二	不诚实守信	★★	★★★
周三	不经允许拿东西	★★★★	★★★
周四	不向老师问好	★★★	★★★★
周五	在教室里大声喧哗	★★★	★★

经过一周的观察，老师发现晓晓不只是对自己班的小朋友使用不文明用语，并且对其他班的小朋友也经常使用不文明用语。例如：在周一课外活动时间，晓晓和隔壁班的一个小女孩因为某件事起了冲突，原因是她从这位小女生身边走过时说了一声"傻子"，女孩气得顶了回来："你才傻子呢！""我说你了吗？"两个小女生都不依不饶，开始了争执……

周二上语文课之前，老师检查前一天布置的作业，走到晓晓跟前时，她支支吾吾说自己写完了，但是忘记带本子。为了保留她的尊严，老师示意她坐下。课后，老师给晓晓妈妈打了电话，问她晓晓昨天的作业完成情况，妈妈却说她们昨天在公园玩了一下午，晓晓回家就睡了。老师这才知道，晓晓撒谎了。周三下午，班中的乐乐跑来委屈地说："老师，晓晓她没有经过我同意就拿我新买的文具袋，还说我是小气鬼，我的新文具到现在也没有还给我！"老师安抚了乐乐的情绪："老师知道了，待会儿老师帮你拿回来好不好？"下午放学，老师跟晓晓讲了后，乐乐才拿回了文具袋。周四上完最后一节体育课，同学们都往校门口方向走，几个老师恰好遇到了晓晓和另外几位同班同学，小朋友们都在热情地跟老师打招呼，只有晓晓径直往校门口走去。周五课间活动时，班上其他孩子都在教室外面活动，晓晓在教室里大声喧哗，甚至上课铃响了，老师走进教室，她还没有停下来，并且在教室使用不文明用语，影响课堂秩序。

经过一周的观察，对于晓晓的种种不文明行为，老师决定找晓晓进行一次私密小谈话。一个课间，老师把晓晓单独叫到了办公室。

"晓晓，上周二的语文家庭作业本后来带来了吗？"

"没有，老师！"

"那怎么没有带来呀，是不是没有写完呀？"

"我写完了，只是忘记带了。"晓晓说话变得慢吞吞，能看出她有些心虚了。

"写完了？可是老师怎么听妈妈说你在公园玩了一下午，回家直接睡觉了呀……老师有没有在班级说过要诚实？"老师的语气逐渐变得严肃起来。

"还有，作为一个小学生，对待老师是不是应该要有礼貌啊？"

"是！"

"那见到老师要怎么做呢？"

"问好……"

"那你想一下自己平时有没有做到?"

"没有。"晓晓低着头,但回答得很快。

"没有经过别人的允许就拿别人的东西,这种行为是不礼貌的,以后要是没有人跟你玩了怎么办?"

"老师,知道了,我会改的。"

"晓晓,你已经是一名小学生了,不文明的行为习惯是需要慢慢改正的,这样才能更好地成长啊!"

"今天老师跟你说的话记住了吗?而且自己是怎么回答的也要记得!"

"嗯!"

"今天说的这几个小毛病,老师会好好观察你的,只要你慢慢改正,老师还会给你小奖励哦!"

从课间和晓晓谈话时晓晓的反应能够看出来,她是很聪明的,而且也承认了自己的小缺点,面对老师的教诲她也很认真地听。

常言道:"不以善小而不为,不以恶小而为之。"培养小学生文明行为习惯要从细节抓起。例如:老师要常常找晓晓进行一些"私密的小谈话",让孩子知道自己不应吵闹,要举止文明,不应向老师、家人和朋友撒谎,课堂上认真听讲等。尽管这只是一些小事情,却是良好行为习惯的基础。教师应有"滴水穿石"之态,从生活细节做起,坚持不懈,使文明礼貌教育在不自觉间深入学生内心,内化于学生素质之中,成为学生终身受用的珍贵财富。

分析学生行为并进行结果评价是调控其行为习惯发展过程的一大要素,同时对于纠正根据习惯养成策略所形成的行为具有重要影响。

对于晓晓的行为习惯,老师认为她是敏感且有一定的上进心的,因此,老师制定了行为习惯记录表对她的行为进行记录与分析,在每周的行为记录表出来后对晓晓进行一次谈话,并编制好行为评分表和相应的奖惩办法。行为评分表就是将晓晓在好行为养成阶段所表现出来的好行为以表格的方式记录下来,可以是积分制,也可以是简单的表格记录。将某一特定时间作为考虑时限,根据晓晓特定不良行为或者待培养行为设定考虑标准,只要相应行为能够得到落实,则会将相应分值填写到相应位置,依据晓晓获得积分情况进行引导及奖励,通过将下一个阶段积分与前一个阶段积分进行对比分析,给予及时性的引导与评估,让晓晓能够相应地认识到自己的行为状况。

在对小学生进行行为习惯及意识培养时,教师要起到教育的主导作用,要用细心、耐心、爱心去引导幼儿;同时,要积极与家长沟通,交流孩子行为习惯培养经验,不断完善指导策略,提升教育能力。针对晓晓在学校出现的行为习惯问题,除了在学校与晓晓沟通以外,老师还尝试经常跟她的父母进行沟通,告诉家长在日常生活中要多多注意、关心、及时地和孩子交流,在孩子出现错误的行为倾向或行为时要给孩子以适当的规劝,帮助孩子对事物的是非利弊进行分析,引起孩子对不良行为的关注与主动改进。

通过和晓晓的谈话,老师决定要给她一些"甜头",这样她在改正缺点的时候也会更加有动力。比如她慢慢改掉了自己的"口头禅",班级里的其他小朋友也很少来找老师告状了。她的家长也会在放学时悄悄告诉老师,晓晓回家懂得跟她说谢谢了,她感到非常意外。在学校遇到老师时晓晓也会开始打招呼,尽管是一句声音非常小的"老师好!",但也是一种在变好的信号。面对她的小变化,老师给了她一些实用的小奖励(见表2),希望这些小奖励能够慢慢为晓晓带来一些惊喜与变化。当然改善行为习惯不是一蹴而就的,她需要一点点地进步。

表2 晓晓行为改善奖惩表

	行为变化记录	行为奖励记录	行为惩罚记录
周一	使用不文明用语未改善	/	为教室做值日一次
周二	撒谎行为有改善	免家庭作业一次	/
周三	跟同伴起争执	/	给班级同学表演节目
周四	未经允许拿东西有改善	奖励小零食一包	/
周五	主动向老师问好	打电话给家长表扬一次	/

教师对晓晓的教育应该要循序渐进,对她的关注需要持续,同时也要不断地总结方法、修改教育策略。小学生形成良好的行为习惯,不仅和学生自身因素相关,还和学校、家庭教育有着千丝万缕的关系。比如教师的教育方式、手段的应用和策略实施的程度,均直接影响着小学生形成良好行为习惯的效率。所以,为了切实培养学生良好的行为习惯,需要家庭、学校等各方面共同发力,不断降低学生不良行为出现的频度,促使学生形成良好的行为习惯。

案例说明

处在人生起点的低幼儿童,对自己的行为无判断能力,教师和家长的引导尤为重要。本案例中的老师面对晓晓的错误,并没有简单地批评教育,而是采取了客观了解的方法,通过记录表全面记录晓晓一周的言行,并且做出相应的分析。同时采取每周谈话的方式,不断地用晓之以理的方式进行正面引导。这两个方法在习惯养成中起到很好的作用。

2. 我们都是懂礼貌的"晓"朋友

上海市浦东新区北蔡镇中心小学　厉雯卿

"班主任王老师,班主任王老师,不得了啦,乐乐流鼻血了,出了好多血,救命!""班主任王老师,不好啦,豆豆和欢欢打起来了,我们怎么说都不听,怎么办啊?"慌张的喊叫声中,办公室的宁静被撕开了一道口子,在老师们的注目中,晓晓冒冒失失的身影闯了进来。晓晓眼里"天要塌了"的事情在班主任王老师眼中完全是些鸡毛蒜皮的小事,"唉——"班主任王老师长叹一声,按下心头火,放下手头的工作,化身"消防员"匆匆赶往前线"救火"。

已不是一两回了,这让班主任王老师的面子有点挂不住,平日没少给孩子们"洗脑":日常举止要有礼貌,课间要文明休息,进出办公室要先敲门……为什么同样是一年级,其他班的小朋友来办公室都表现得斯文有礼,唯独这个班的孩子成天冒冒失失?尤其是晓晓,每次到来总能掀起一股风波。到底是哪里出了问题呢?

从幼儿园升入小学,除了学习任务的升级,行为规范各方面的要求也有了许多转变,这些环境的变化会让学生不适应。学前阶段,孩子的活动范围有限,对出入教室、办公室的文明规范意识比较淡薄。步入小学阶段,有的孩子通过老师的"教"了解了一些礼貌规范,也有的孩子在家长的引导下对日常礼貌用语有了初步感知。但这些都只停留在知道层面,对于具体应该如何表现,孩子们是缺乏实践训练的。从幼儿园步入小学校园,环境的变化和使用这些礼貌用语频次的增加,也会让孩子觉得不太适应。俗话说,"习惯成自然",要想让学生在日常举止上表现得有礼貌,养成良好的习惯,光有理论是不够的,还需要实践的强化,这离不开教师的耐心引导。

为了兼顾每个孩子,班主任王老师在晨会课时会让孩子们相互演练课堂开始后进教室的规范举止。一开始孩子们都比较腼腆,同桌之间演练有的轻声细语,有的嬉笑打岔,都不太好意思。班主任王老师没有表态,只静静观察记在心里。午会课的时候,班主任王老师又让孩子们相互演练进出办公室的场景,个别孩子表现得有些兴奋,大部分孩子摸不透其中的用意,都一板一眼地练习着。第二、三天的晨会课、午会课训练照旧,有人抱怨,有人质疑,可班主任王老师依旧不解释原因,就只是利用这些碎片时间让孩子们相互演练。通过三天的强化,孩子们好像悟出了什么,不再有嬉笑的举止,每个人脸上都一副认真的表情。班会课上,班主任王老师请孩子们谈一谈自己实践的感受,并针对这一阶段训练内容做了总结。许多时候过多的"说教"并不是一个有效的方法,舞台还是应该留给孩子们。经此一练,效果显著,但问题依旧存在。

从成年人角度来看,孩子们求助的事项可以说是微不足道的,不过换位思考会发现,低学段孩子们的年龄小、阅历浅,遇事经验不足,所以才会出现不知所措的反应和"病急乱投医"的表现,更遑论要他们兼顾礼仪了。

孩子们处于天真烂漫的童年,他们的日常生活离不开"吃喝玩乐",比较严肃的事情最大莫过于"学习",诸如流鼻血或擦破皮这类"流血"事件在他们眼里就是超出认知的"大事"。人在慌张的时候很容易头脑短路,孩子们情急之下忘记了一些礼仪实属情理之中。相较于来办公室"告状"的小朋友而言,因突发事件向老师求助的孩子则表现得更为慌乱,多表现为急匆匆地闯入和语言表述语无伦次。不难看出前者是因为事情已经发生并处于中止或终止状态,而后者则面临着事态发展的不确定因素,所以两者求助时的状态会有所不同。此外,由于低学段孩子阅历有限,性格中普遍都会有一些莽撞和冒失,再加之受外界突发事件影响,日常的规范和礼仪早被抛诸脑后。当突发状况产生,事情紧急,学生咋咋呼呼地闯入办公室后,并没有得到教师的制止,抑或教师对这样的行为仅用一句话带过,就很有可能让学生觉得"这也许并不是什么太大不了的事情"。相反,每一次突发状况都可能是有效巩固礼貌习惯的契机。

一次语文课上,晓晓迟到了,他微低着头小跑着进入教室,班主任王老师听到动静把他"请"了出去,不料他只是退回门口略显尴尬地敲了两下门,便又要抬脚迈进来。"站住!"班主任王老师立马喝止了他,全班孩子齐刷刷地看向了他,那一瞬间他愣在了原地,有些不知所措,局促地拉了拉衣服的下摆。"好孩子,请你按照先前演练过的步骤来,好吗?"在班主任王老师的温柔鼓励下,晓晓的小脑袋微不可见地点了点,似乎不太明白老师为什么会因为这么一件小事跟他"较真",却依旧听话地照做了。这就是一次很好的教育契机,班主任王老师顺势引导:"虽然晓晓迟到了,但经过提醒,他能够有礼貌地进入课堂,这是对上课的老师、对听课的小朋友们、对进行中的课堂的一种尊重,是小绅士的表现!我想我们应该给他一点掌声。"掌声响起,座位上的晓晓脸蛋微微泛红,班主任王老师给了他一个微笑,他有些不好意思地微笑着低下了头。

不论是课间休息,还是进出办公室,班主任王老师严格把控着每一处细节,尽可能地规范孩子们的日常举止,对于讲礼貌的孩子及时回馈以微笑并竖起大拇指。在每日晨午会课上表扬一批日常举止有礼貌的孩子,对于特别棒的行为详细分析点评,而后全班同学给予热烈的掌声,这也算是班主任王老师在班中打造的一种仪式感吧。

进出办公室要有礼貌,课堂开始后进入教室也要有礼貌,这些规范学生都知晓,但总有一些外部原因会使得学生认为这些规范是可有可无的,在心里对这些规范的重要性持质疑态度。有个词叫"言传身教",最好的教育莫过于此。在良好习惯建立和巩固的过程中,学生们也会进行观察、思考和试探,他们在意的是"大人们"对某一事件的态度、做法,即便德育课上说得再有道理,但日常实际中的言行不一,哪怕仅有一次也足以将这些规范"打回原形"。

"学高为师,身正为范。"教师的一言一行都是孩子们眼中的"标准答案",因此教师日常更应该严格规范自己的言行举止。一次英语课,一位家长临时向班主任王老师请假并委托他将孩子送到校门口,班主任王老师在敲门后进入教室,在向英语老师说明情况后才带走了孩子。课后休息时,孩子们簇拥在一起,好奇地向班主任王老师打听情况,一个孩子笑盈盈地问:"怎么您进入自己班级的教室也要敲门打报告呀?"班主任王老师笑了笑并没有回答他,而是在接下来的午会课将这个问题抛给了大家。孩子们顿时来了兴趣,你一言我一语地讨论开来,然后得出结论:日常举止有礼貌是好习惯,不能因为身份的不同而丢失了这个好习惯。班主任王老师和孩子们约定大家要互相鼓励,一起把这个好习惯坚持下去。

经过短短两周的"较真",几乎不再有"不知礼数"的孩子猝不及防地闯入办公室了。通过一阶段的课间观察,老师们都明显感觉这个班的孩子日常举止更注重礼貌了:在走廊上见到路过的老师,孩子们都会热情地上前打招呼,相互之间"对不起""没关系"这些礼貌用语也用得更勤了……强化实践人人练,浅谈感想后总结;日常细节不放过,举止得体须表扬;言传身教我做起,互相勉励共坚持。良好礼貌习惯的养成离不开理论的熏陶,离不开实践的强化,更离不开细节的把控。尽管只是日常行为中的微小层面,尽管敲响的只是一扇门,但轻轻叩到的却是一颗礼仪心,这也许就是育人过程里隐藏着的小小杠杆,轻轻撬动便有着四两拨千斤的妙处呢!

案例说明

　　幼儿园与小学阶段,对儿童的要求各有侧重。进入小学,开始有了规则的训练,逐渐让学生有自我控制的意识。本案例的班主任王老师以"强化实践、把控细节、言传身教"三大策略为抓手,开展了一系列好习惯养成的引导。经过一阶段的实践,孩子们日常举止更注重礼貌了,在走廊上见到路过的老师,孩子们都会热情地上前打招呼,日常礼貌用语的使用也更频繁了。

3. 成为礼貌小达人

上海市浦东新区海洲幼儿园　沈旺莉

　　优优是一位可爱的小女孩,她性格活泼,喜欢拼搭类的积木,有很好的想象力,经常能拼搭出不同的、新颖的作品,然而就是这样惹人喜爱的女孩也有找不到好朋友的困扰。

　　一天早晨,孩子们都陆续来园进教室,优优也开心地跑到教室门口,她和老师打过招呼后便对着同伴大声说了一句脏话,这让身边的同伴和老师一时间又惊讶又生气。同伴觉得优优一点也不礼貌,不想和她分享自己带来的玩具,找另外的好朋友去玩了。老师看到了这个情况,严肃地询问优优:"你为什么要说这句话?知道这句话的含义吗?"优优表示她不知道,只是听到邻居哥哥说过这句话觉得很有意思,所以也想对自己的朋友说这句话,"展示一下"自己学到的新语言。其实在日常生活中,经常能在教室中听到孩子们打优优说脏话的小报告,"老师,优优说放屁","老师,优优说我画的画像大便"……

　　即使老师多次劝导、提醒优优不要说脏话,她还是转头就忘,这样不礼貌的行为导致她周围的好朋友都慢慢地离她远去。虽然优优固执地表示才不稀罕和大家一起玩,但是每次到了自由活动时间,她总是自己一个人沉默地搭积木,看起来一点也不开心。为了帮助优优改掉喜欢说脏话的习惯,老师和优优妈妈进行了一次面对面的沟通,了解到了优优喜欢说脏话的原因。原来是优优放学后经常和邻居家的大孩子一起玩平板游戏或是看手机短视频,她的语言能力又比较强,在这样的氛围中耳濡目染地学会了很多成人式的语言。当今社会,成人式的语言、网络用语随处可见,科学技术发展迅速,孩子们通过网络工具接触到很多不适宜的成人式语言,并且他们的学习能力很强,这些不良用语很容易在他们之间传播。所以针对优优的这种情况,老师建议优优妈妈帮助孩子选择合适的游戏交往对象。如同古时候孟母三迁的故事告诉我们的道理,环境对孩子的作用也是极为重要的。

　　不仅如此,大班的孩子们正处于污言秽语敏感期,他们觉得这些词语说起来很有意思。为了降低他们对污言秽语的敏感度,老师和孩子们一起在班级内开展了关于"屎、尿、屁"的讨论会,和孩子们坐在一起,听听他们对于说脏话的看法。在这样别开生面的讨论会中,孩子们争先恐后地举手想要表达自己的想法。

优优:"我觉得说这些话的时候很搞笑。"

欢欢:"我也觉得很有趣,但是我觉得这是不礼貌的,因为我回去说给我爸爸听,他很生气。"

萌萌:"说脏话不礼貌,但是我经常能听到很多大人也在说。"

很多孩子都知道说脏话是不礼貌的行为,但是有时他们会有一种从众的心理,听到别人说觉得很好玩,也学着说一说。老师和家长要让幼儿了解"屎、尿、屁"的含义和用法,这些都是我们身体产生的一部分排泄物,不能用到别的地方去。假如经常把这些词挂在嘴边,就显得很低俗,常说这些话的孩子容易让朋友远离自己,因为说这些内容是对别人的不尊重。人与人之间交往要坦诚,要相互尊重,这样才能继续交往下去。这样的教育使得孩子们对不说脏话有了深刻的认同感。

豆豆说:"我们每天都会尿尿、大便,这没什么好笑的。"

晨晨说:"我哥哥有时打游戏也会说脏话,我会提醒他这样是不礼貌的。"

大班的孩子并非愿意说脏话,他们经过老师的引导还是能明事理的,并且能清楚地表达自己的想法。所以在讨论会上,老师给孩子们充足的时间去表达、互相探讨话题。孩子们也会一起探讨避免说脏话的好办法,有的说互相监督,有的说可以奖励不说脏话的小朋友……不仅如此,他们也会主动地讨论如何成为礼貌小达人,如何正确使用礼貌用语,一起认识在不同场合下所说的礼貌用语,如"请""谢谢""对不起""不客气",等等。

经过此次热情激烈的讨论,在日常生活中能发现孩子们会自主、有意识地学说礼貌用语,经常能在教室内听到他们用"请""谢谢""不客气"进行对话。同时教师也通过和家长们进行家园互动、沟通,建议家长们从自身做起,在孩子们面前少说、不说脏话。在家庭生活环境中能和孩子们多使用礼貌用语,多创设孩子与他人对话交流的机会,如:在外用餐可以让孩子与服务员进行对话——"叔叔/阿姨,请给我一包番茄酱,谢谢",这样不仅能让孩子们养成说礼貌用语的好习惯,也能让他们体会到在社会中讲文明、懂礼貌带来的良好氛围。

礼貌用语是孩子懂得文明礼仪、与人友好接触的前提。因此,讲文明、懂礼貌的习惯养成始终是孩子教育过程中最重要的环节。作为教师,要把礼貌用语养成教育自然灵活地渗透到一日生活中的各个方面，为孩子提供社会性的讲礼貌行为发展的契机。如：在幼儿园内开展的"礼貌小达人"活动，每天邀请班内5个孩子作为小达人，在来园时间段佩戴礼貌绶带站在幼儿园门口与每位同伴、老师说"早上好"，与家长们说"再见"。孩子们对"礼貌小达人"的称号喜爱不已，站在门口自豪地抬起胸膛，大声地与每一位同伴、老师、家长打招呼，宣扬讲文明、懂礼貌的美德。在进餐时孩子们能做到文明用餐，爱惜粮食，餐后自觉收拾餐具。在如厕时，他们能互相礼让，便后随手冲马桶、洗手等。在自由活动时，能讲礼貌，不与同伴争抢玩具，与同伴之间相互谦让、尊重，并乐意与同伴交流合作，形成友好的同伴关系。

通过一系列的努力，加上老师与家长们的共同合作，孩子们能熟练掌握礼貌用语，经常能看到他们与同伴相处时友爱的画面。尤其是优优，她成为一名真正的礼貌小达人，也是班上最受大家欢迎的女孩，她讲文明、懂礼貌，乐意与同伴分享玩具，经常能看到她和好朋友共同商讨、合作搭建属于他们的积木王国。礼貌用语的养成不仅让整个班级成为一个快乐融洽的大家庭，同时也为大班孩子们即将到来的小学生活奠定了良好的基础。

案例说明

对于低幼儿童来说，很多时候的言行是无知的，教师就要采用适合儿童的方式进行引导，比如让小朋友之间讨论，多数儿童的观点可能会影响个别的儿童。这个案例中还有一种有效的方法就是家校合作，保持学校教育和家庭教育步调的一致，那样，儿童就会在统一的教育观念引导下逐渐向正确的方向发展。

4. 着急的优优

上海市浦东新区馨苑幼儿园　尚书林

优优是个率真可爱的孩子,她总是急匆匆的,做什么事情也都是兴冲冲的,小朋友们总是说"优优像风一样,一下子跑到这儿,一下子又跑到那儿"。

早上,妈妈送优优来到幼儿园,到了教室门口,老师笑着对优优说:"优优,早上好呀!"优优摆摆手,一边说着"早上好!"一边一溜烟儿地小步跑进教室,开始寻找自己喜欢的积木。

优优找到自己喜欢的积木,马上抽出积木的篮筐,搬起来放在旁边的空桌上,篮筐"咚"的一下,积木发出"哐哐当当"的声音,旁边的小朋友听到后,都回过头来,看着优优。

乐乐提醒道:"优优,你轻一点!"

晨晨立马接过话,说道:"是呀,玩具这样子放,会摔坏的!"

优优埋着头翻弄着积木,随口回了一句:"知道啦!"

这时,老师走进教室,对优优说:"优优,妈妈要回家了,跟妈妈再见吧!"优优头也不抬,说了一句"妈妈再见!"然后接着拼自己的积木。

妈妈看了优优一眼,没说什么就离开了。

优优很快就用积木拼搭出了一条四通八达的马路,在马路上方还架起了高低错落的天桥,优优开心地拍着手掌,又引来了旁边小朋友的注视。

欢欢说:"优优,你的声音太大啦,能不能小一点呀!"

优优没有理会欢欢,接着拿起一块方形的积木,假装是一辆车在马路上开了起来。

优优一边开车,嘴巴里一边嘟囔着:"加速加速! 耶,到终点啦!"第一辆车开完,优优还是觉得不够尽兴,又同时开起了两辆车。两辆车从马路的两边出发,很快就碰撞在了一起,发出"砰砰砰"的声音,优优哈哈大笑道:"车撞到一起啦!"

萌萌听到优优大喊大叫的声音,有些不开心,马上走过来对优优说:"优优,你太吵了,能不能小点声呀!"

优优看了一眼萌萌,马上回答道:"我知道啦!"

优优开车的声音小了一点。可是不一会儿，优优又忘乎所以，发出了"砰砰砰"的声音。

萌萌捂住了自己的耳朵，然后来找到老师："老师，优优太吵了，提醒了也不管用。"

……

喝水的时候，优优很着急。打开柜子拿好了水杯，等不及排队就插在前面，三下两下接好水后一口闷下。

吃饭的时候，优优很着急。优优喜欢把碗端起来，扒拉两口饭再扒拉两口汤，饭桌上总是会留下饭粒汤汁。

睡觉的时候，优优很着急。鞋子一脚蹬下，摆得一团乱，衣服总是脱下随意放床上，急匆匆地把被子盖上。

起床的时候，优优很着急。衣服总是穿得歪歪扭扭的，鞋子一踏上就跑出午睡房，急匆匆地吃点心去了。

放学的时候，优优还是很着急。来不及跟老师说再见，来不及回答朋友们的再见，就急匆匆地跟着家长跑开……

幼儿喜欢模仿，着急的优优一定有一位着急的家长。老师联系了优优妈妈，沟通了优优的情况，原来优优爸爸是一位着急的爸爸。优优很喜欢爸爸，喜欢模仿爸爸的一举一动，学着爸爸的一言一行：爸爸吃饭的姿势，爸爸打游戏的神态，爸爸睡觉的样子。于是，优优就成了着急的优优。

着急的优优，打招呼时不爱看人，对话的时候不喜欢对视，喝水的时候不耐烦排队，吃饭的时候随意扒拉，睡觉的时候不爱整理，起床的时候衣服不愿意整理……所以，老师和优优的爸爸妈妈一起制订了"优优的文明礼貌养成计划"，帮助优优培养文明习惯，如语言（礼貌用语）、举止（对视、回应、声音）、服饰（适宜、整洁）、谈吐（次序、等待、恰当语境）；养成礼貌行为如公共场所礼仪、餐桌礼仪、乘车礼仪、文明交往礼仪等。

在实施"优优的文明礼貌养成计划"的过程中，老师通过一些方式方法，可以更加有效地促进优优文明礼貌习惯的养成。

榜样教育。优优喜欢模仿爸爸，爸爸要以身作则。在家庭生活中，爸爸注意自己的一言一行，让优优也在潜移默化中，慢慢调整自己的一举一动，爸爸慢下来，优优也慢下来。

移情教育。感受他人情绪，体会他人的情感。优优玩积木开心时发出声音，影响了其他小朋友的正常游戏。老师先引导优优感受自己游戏的快乐,接着提醒优优观察其他孩子的情绪,让优优通过移情的方式,认识到自己大声吵闹的行为影响了其他同伴的游戏,由此帮助优优纠正自己的举止行为。

场景教育。在一定的场景下,会有更好的教育效果。通过相似的场景教育,优优对相关礼貌行为的理解会更加具体。如在阅读坊活动开始前,老师先为优优介绍阅读坊,并和优优一起熟悉阅读坊的规则,优优很快理解了公共场所如图书馆的一些基本礼仪,知道不大声喧哗、不跑闹、爱护公共物品等。类比可推,遇到相关的场景,优优很容易调动出已有的规则经验,从而遵守公共场所的文明礼仪。

集体教育。集体教育是促进幼儿达到一定目标最有成效的活动方式之一。优优可以和同伴一起,在讨论交流、游戏体验中,理解、学习、体验相应的文明礼貌行为,从而帮助优优养成相应的文明礼貌行为。

儿歌教育。小小的儿歌朗朗上口,老师和优优一起编制了一些环节、一些活动的儿歌,比如就餐的小儿歌,"小椅子,放放直;小身体,坐坐好;小饭碗,扶扶紧;要安静,爱干净",帮助优优理解文明礼貌行为。

积分奖励。在班级和家里准备一块文明礼貌积分板,优优的文明礼貌行为有了进步,就可以积得1分,积满相应的分数,就能满足优优一定的愿望。通过积分活动,优优学习到的文明礼貌行为会进一步得到强化。

长期性的文明礼貌培养计划能帮助孩子顺利实现文明礼貌习惯的养成,对孩子的成长具有非常重要的意义。文明礼貌的养成不是一朝一夕的事情,也不是等到了小学再来培养、教育的事情。我们应该从细微处着手,通过多样化的手段,对孩子进行文明礼仪的教育和行为训练,从小做起,从自己做起,从身边做起,从小事做起,一点一滴积累,让孩子在人生的不断进步中养成好思想、好品德。

案例说明

每一个孩子都有独特的个性,做事情快是好事,但是这种性格的孩子往往做事会比较粗糙、丢三落四,要改掉这样的习惯也不是件容易的事。这个案例,老师采用了多种方法,如榜样教育、移情教育、场景教育、集体教育、儿歌教育、积分奖励,从教育的全过程关心儿童的礼貌教育,让儿童养成健全的人格。

第二部分　口语表达习惯

5. 做一个会说话的小学生

上海市浦明师范学校附属小学　李　梅

一年级家长开放日活动结束后,晓晓的妈妈没有马上离开,而是和老师们攀谈了起来——

昨天,晓晓去少年宫参加小主持人选拔,评委要求孩子介绍一下上个星期天是怎么过的。题目要求不难,可晓晓说得颠三倒四,毫无重点,还没出少年宫,妈妈就知道没戏了。晓晓平时是一个阳光开朗的孩子,话也比较多。但妈妈觉得晓晓说话让人听来觉得费劲,不是没有讲清楚要点,就是啰唆得很。妈妈觉得晓晓不太会说话,所以请教老师,这样的情况该怎么办呢?

晓晓妈妈走后,老师们也讨论了起来。其实,低年级孩子在口头表达方面存在的问题老师们也早就关注到了,有时候,他们确实不太会说话。

一班的老师说:"孩子们说话不完整,今天我提问豆豆,秋天到了,什么从树上落下来?豆豆站起来回答只有两个字——树叶。我就提醒他把话说完整。豆豆重新站起来说,秋天到了,树叶从树上落下来。我点点头夸赞了他,继续提问,一群大雁往哪里飞呀?可豆豆还是简单地回答我——往南飞。我只好又提醒他,要把话说完整哦!课堂上,小朋友们总是需要我反复提醒才能讲完整的句子。"

三班的老师补充道:"不光是课堂上,其实课间我听到小朋友之间说话也有问题。昨天晓晓和乐乐来我们班级发放劳动工具,他们把劳动工具放在门口就走了,我们班小朋友一头雾水,我赶忙拉住他俩问具体情况,可两个宝贝都说不清楚,最后我只能自己回办公室了解情况了。"

四班的老师听了哈哈大笑:"你们知道吗,昨天中午我在图书馆找资料,晨晨过来找我,说有一位老师请他过来找我取一本书,可问了半天,他就是讲不清楚书名,只说书名是会飘的东西,我想了好久,才问他是不是最近大家在读的绘本《烟》?他终于露出笑容拼命点头……"

说到这里,老师们都会心而笑,其实一年级的孩子处于幼小衔接过渡期,他们的语言思维发展还不成熟,需要我们老师、家长、伙伴一起来关注和训练。让我们走进语言魔法王国,一起挥动神奇的仙女棒,看看哪些好办法能够帮助孩子们成为会说话的小精灵呢?

建议一:提供准确示范。家长和孩子沟通时,可以有意识地说一些完整的长句,避免只用词语进行碎片化交流。比如说,早上送孩子上学的路上,妈妈可以说说自己是怎么去单位上班的:出了小区,穿过浦建路,把孩子送到校门口,然后要坐746公交车经过大连路隧道,出隧道以后再坐两站路,就到单位了。然后问问孩子又是怎么到达学校的呢?有了前面妈妈的示范,孩子就知道怎样说清楚了。把一件事情说完整,有意识的引导很重要。爸爸妈妈可以多跟孩子讲讲家庭生活中发生的事情,可以主动引发话题去讲,例如,周末郊游去了哪里,哪处景物吸引了你,吸引你的理由是什么。运用事物的关联性,把一组内容有趣又具有关联的句子连贯完整地说出来,慢慢引导孩子把话说得有条理。渐渐地,孩子就能够从讲清楚一句话,变成慢慢能说明白好几句话,再之后就能够把一件事情按照一定的顺序表达清楚了。看似在训练孩子的语言表达能力,其实是在训练其逻辑思维能力。

在课堂上老师的规范示范也很重要。例如,老师精心设计的教学用语,跟小朋友平时的口语是有一些差别的,孩子听课的过程就是在很好地学习语言的规范表达。又比如说,一年级的课文不长,有很多表达规范又有感染力的句子,老师可以经常带领同学们朗读,让他们学习书本上规范的表达。

建议二:加强多样训练。孩子都是天生的语言大师,他们的表达常常很精彩,又对学习表达充满了兴趣,老师们在课堂上会有哪些训练表达的方法呢?比如说,孩子回答不完整的时候,老师补一个追问,等孩子把全部内容讲清楚了,请他把刚才说的话连起来再讲一遍。也可以做做连词成句和造句的练习,这些项目可以丰富孩子的语言,让他使用和积累一些自己可能原本不知道的词语和句式。看图说话也是一种很好的练习方式。

还可以让孩子参与一些好玩的游戏。比如,爸爸妈妈可以经常在睡前跟孩子玩词语接龙,这样的形式能让孩子特别有成就感,孩子通过接龙,一下子就能够感受到自己语言的丰富。当然,聪明的家长也会尽可能补充一些新鲜的词语在游戏过程中,不知不觉中,孩子就将新的词语"占为己有"了。

建议三:创设表达机会。语言是用来交流的,在使用中形成和丰富。每天晚餐时间是一家人最放松的时候,家庭成员可以每人都发言,说说自己一天的收获和见闻,轮流发言的形式轻松又有趣。在学校里,老师也可以尽量多地安排孩子们发言和上台交流。例如，轮流上台读读小儿歌，班会课组织小小故事会，大课间用一句话说说今天的活动内容和感受等，在各种真实情境中不断鼓励孩子去主动表达。还有孩子们喜欢的社团课、兴趣课，有一些是专门训练表达的，例如"小小主持人""英语故事会""绘本表演"等，我们可以鼓励孩子们参加，并且在学习之后及时反馈他们的进步，激励他们不断努力提高。

聚焦研究"儿童表达的完整性"问题，老师可以使用观测记录的办法观察晓晓、豆豆和其他同学，一方面观测记录孩子的表达是否在进步，另一方面要记录老师和家长给予的支持有哪些，这样就能寻找到有效的训练策略。例如上文建议一提到的有效示范，就能很好地解决晓晓语句结构的完整性问题。晓晓通过课堂上一次次跟着老师练习，自己逐渐有了把话说完整的意识。加上家长的重视和配合，课内课外都给晓晓提供了规范的语言环境，几个月下来，晓晓的语言表达变得完整生动了，自己也有了成就感。

对于晓晓这样刚进入小学一年级的孩子来说，达到怎样的要求才算是会说话的孩子呢？我们认为应该要符合以下几点：首先，能够有序、连贯地讲述一件事情。其次，讲述时能准确使用动词和形容词，语言有一定的生动性。最后，结合具体情境，能够使用一些表示因果、假设等关系的相对复杂的句子。我们常说语言是思维的工具。像晓晓这样幼小衔接阶段的孩子，正处在具体形象思维向抽象逻辑思维过渡的阶段。语言的逐步掌握和发展，推动了他们思维内容的日益丰富，思维方式也逐步完善，最终就能促进思维水平持续提升。因此，老师和家长要注重对这个阶段学生语言表达习惯的培养。

学校要做整体性思考，设计与儿童经验相匹配的学习活动和任务。本案例虽然只是从"语言学习领域"中选取一个微观的视角来展开实践和探索，但就"学习适应期"的整个过程来看，我们要在学科课程和学校综合活动两个方面同时进行。学科课程着重围绕学科学习兴趣的培养和学习习惯的养成，设计相应的学习内容和学习活动。综合活动重点围绕兴趣培养、习惯养成和师生情感交往，设计相应的学习内容和学习活动。无论是前者还是后者，教师都能根据学生的年龄特点，运用情境创设、角色游戏、小组讨论、实践活动等多种教学手段为学生创设生动、有趣的活动情境，使学生能身心愉悦地参加活动、感受和体验，在兴趣、情感、行为等方面都有所收获。以课堂为抓手，以儿童发展为目标，牢牢把握幼小衔接的重要契机，强化衔接意识，我们一起来帮助晓晓和伙伴们顺利度过学习适应期，成为会说话的孩子吧。

案例说明

语言是最重要的交际工具,是人类文化的重要组成部分。《义务教育语文课程标准(2022年版)》对于低年级学生在口语表达方面的要求是能认真听别人讲话,听故事能复述大意和自己感兴趣的情节,能完整地讲述小故事,简要讲述自己的见闻。这些要求都指向了学生表达的完整性。本案例呈现的低年级学生在幼小衔接阶段表现出的语言表达的不完整现象,值得我们教师、家长共同关注和研究。

6. 从识字大王到好奇不倒"问"

上海市浦东新区南汇外国语小学　陶　俐

上课了,语文老师带着大家一起学习课文《雨点儿》。晓晓有点心不在焉,对他来说,这篇课文太简单了,昨晚妈妈已经带他一起背过了,所有的生字也会读会认了。在学习"空"这个生字时,老师问大家对"空"字上半部分可以问什么问题。晓晓挠挠头,"穴宝盖"早在幼儿园时妈妈就教过他了,他太熟悉了,有什么问题问呢?就在他百思不得其解的时候,同桌乐乐站起来问:"老师,我们学过'宝盖','宝盖'下面多了撇和点,变成什么字了呀?"乐乐的回答得到了老师的大拇指点赞,夸她是好问、爱动脑的孩子。晓晓很失落,作为一个"识字大王",这节课竟然没有自己表现的机会。

语文老师注意到了晓晓的情绪变化,这位语文识字大王,语文被动学习的能力很强,所以课堂上"老师问,学生答"的模式,晓晓铁定是发言之星。这堂课采用让学生主动发现和提问的方式,晓晓就失去了优势。

老师课后把晓晓请到了办公室里,看到晓晓还嘟着嘴巴,一副有点不甘心的样子。老师摸了摸他的小脑袋,笑着说:"我们的识字大王,我知道你很清楚'穴宝盖'这个新偏旁。"晓晓看了看老师,眼睛里闪过一丝光,高兴地说:"我当然知道啦,我还知道'穿、窝'也是'穴宝盖'的。"老师点点头,对他竖起大拇指,然后问道:"那你是很早就知道'穴宝盖'的字是和什么有关的吗?"晓晓挠了挠头,低下头说:"我……我……是……刚……刚刚这节课……才……知道的……"老师拍了拍晓晓的肩膀,微笑着说:"识字里还有很多奥秘等着你去发现呢!像今天课堂上那样,下次再看到一个生字或者一句话,自己先动脑筋问问,你会学到更多的知识呢。"

一番交流后,晓晓又蹦蹦跳跳回到了教室。而老师拿起手机,和晓晓妈妈沟通起来。晓晓妈妈是一位典型的"卷"妈,从幼儿园开始就让晓晓超前学习小学的知识,语文方面,她让晓晓在入学前就学习了拼音和识字,晓晓目前识字量已达到3000字。老师建议晓晓妈妈应避免简单记忆,多关注孩子的思维发展,多让孩子有交流的愿望,遇事也尽量多问问、多想想。老师还为妈妈提供了一些具体的做法,让孩子在生活和家庭学习中提升提问的意识和解决问题的能力。

当天,晓晓放学回家,向妈妈说起了白天的事。他一本正经地说:"以后我也要像乐乐那样做个爱提问、会提问的孩子。"妈妈点点头,说:"是的,我们以后多和大自然、书本交朋友,遇到不懂的,就去请教别人。"当天晚上的学习时间,妈妈不再拿着语文课本让晓晓识字背书,而是拿出了晓晓爱看的《鼠小弟》绘本,这套绘本虽然看过好多次,但每次都只是像读课文一样读一遍。这次,妈妈换了一种方式,让晓晓根据出现的生字、情节或插图来提问。在看到鼠小弟"爬树"时,晓晓忽然问:"妈妈,这个'爬'字,你知道为什么里面有'爪'吗?"妈妈假装摇摇头,"你看,鼠小弟用爪子爬树的呀!"晓晓指着图片上正在爬树的鼠小弟得意地说。母子俩开始了愉快的亲子阅读。

晓晓在班级里不再是一个只会认字的"识字大王"了,他眼里开始有了光,表现出对一切都很感兴趣的样子。这一天语文课后,晓晓跑过来找老师问:"老师,你说草字头的字往往和草本植物有关,那'蓝'为什么也是草字头呀?'蓝'是一种颜色啊!"老师夸晓晓爱动脑筋,但没有马上告诉他答案,而是让他回去查查字典,看看"蓝"的字义是否和植物有关系。正在这时,一旁的萌萌也忽然想到了什么,好奇地问:"老师,那我名字里的'萌'是不是也和植物有关呀?""这个我知道。"晓晓接话道,"我知道,你的'萌'是'萌芽'的'萌',所以肯定和植物有关系呀。"老师点点头,笑着说:"我们的'识字大王'懂得真是多呀!"

回到家,晓晓赶紧查字典,字典"老师"告诉晓晓,"蓝"是一种草本植物。这下晓晓明白"蓝"这个字为什么是草字头了。他还查了"萌"的意思,字典"老师"说,"萌"是指植物发芽的意思,虽然不是一种具体的植物,但与植物的生长也有关系。这下,晓晓开始佩服我们的祖先了,也下定决心要理解更多的汉字。

又过了一天,语文课上,老师教大家学习课文《雪地里的小画家》。对于这个课题,老师引导小朋友们提问。

天天说:"小画家指的是谁呀?"

老师表扬道:"你能用'谁'来提问,是个会问的聪明孩子。"

乐乐说:"小画家们画了什么呢?"

"真是个好问题,老师也想知道。"老师竖起了大拇指,继续提示道,"谁能用'怎么样'这个词来提问下?"

"老师,小画家是怎么样画画的呀?"晓晓举手发言。

老师满意地点点头:"小朋友们真棒,能根据课题,借助'谁、什么、怎么样'这些疑问词来提问,有时候我们还可以用'为什么'这个词提问。"

晓晓点点头,感觉边提问边学习,学起来更带劲了。

小朋友们带着疑问接着学课文。老师出示课文第一句话:"下雪啦,下雪啦!雪地里来了一群小画家。"请欢欢读句子后,开始学习生字"群"。老师引导小朋友发现其中的奥秘,问:"对这个'群'字,你们有什么问题吗?"有了之前的经验,小朋友们仔细观察字形,很多双小手举了起来。晓晓说:"为什么里面有'羊'呀?是不是'群'和羊有关系?"老师满意地点点头,肯定地说:"对,你们看,像这样,来了一只又一只羊后,这些聚集在一起的羊我们就可以称作——一群羊。"在老师的引导下,大家又说了"一群牛""一群狼""一群马"等短语。

经过有意识的引导后,晓晓和他的伙伴们学习的主动性越来越强。无论是课堂还是家庭学习,晓晓不再是被动的接受者,而是主动的思考发问者,学习的热情更高了。课堂上都是积极的讨论,学习氛围融洽。而课后的家庭学习,晓晓都是主动去翻阅课外书籍,有时是为了白天自己心中的"问题"而翻阅书本,有时能边读边提出问题,带着问题更投入地阅读和学习。妈妈也不再疲于推着孩子学习,而是成了晓晓提问的对象或是学习的好搭档。

从被动的"识字大王"到主动提问的好奇娃,这是思维能力的飞跃。教师为学生创设环境,激发其提问兴趣。课间互动时重视学生的提问,积极回答,而课上结合教学内容,给予学生提问的机会,帮助他们提升学习主动性和积极性,以提高主动思考的能力。同时,教师也引导学生将课内学到的提问方法延伸到课外,化"问题"为知识。这样有思考力、爱提问的好奇宝,谁不爱呢?

案例说明

学习是一件非常复杂的事,而且是一件长期的事。假如家长在幼儿园期间,怕孩子进入小学跟不上,就提前在家里学习小学课本中的知识,反而会使孩子在上课的时候因为提前掌握了而不认真学习。这样,良好的学习习惯就很难养成。况且,小朋友仅仅是背诵和记忆了一部分知识,并非具备学习所需要的其他品质。保持小朋友的好奇心、求知欲是低年级学生学习发展的基础,这也需要家校合作,保持教育理念一致。案例中老师能及时与家长沟通,转变了妈妈的教育观念,晓晓也变得更加爱学习了。

7. 优优的"小课堂"

上海市浦东新区浦南幼儿园　金晓敏

游戏时间,优优和她的小伙伴们一起商量着今天玩什么游戏。乐乐提议玩"小老师"的游戏:小老师来负责上课,其他的孩子当"小学生",体验一把大哥哥大姐姐上课的感觉。天天提出,他的哥哥就是小学生,小学教室里每一位哥哥姐姐都有自己的桌子和椅子,老师会教各种各样的本领。这群小伙伴们商量后,决定由优优担任今天的小老师,天天、乐乐和其他孩子是课堂里的小学生。

"咚咚咚",随着天天的小鼓声,小课堂上课啦。

"小朋友们,我是今天的小老师——优优,今天我们要上的是故事课。今天的故事是《总有一个吃包子的理由》。"优优大声说。

"老师,理由是什么意思?"乐乐问道。

"理由就是……"优优的回答出现了停顿。

"为什么这里面的包子像人一样呢?"天天问。

"小朋友要仔细听老师讲故事,先不要问问题了。我接着往下讲……"优优回答道。

"可是,老师不应该回答我们的问题吗?老师应该知道答案呀。"乐乐说道。

优优被问得有点不知所措,转头向老师求助:"老师,怎么来当小老师呢?我们也想试试上课。"

这节课,优优这老师当得很累,因为他遇到了会提问的学生。

到了游戏开会环节,老师鼓励孩子们把游戏中遇到的困难提出来与大家讨论,让同伴一起来出出主意。优优也将刚才与同伴一起计划但没有成功的"小课堂"拿出来与大家一起讨论。

"我在当小老师的时候,本来准备给我的学生们上一节故事课的,但是,他们问了我好多问题,我都回答不出,这该怎么办?"优优沮丧地说。

老师向孩子们提问:"那大家觉得小老师在上课之前需要准备什么呢?"

天天举起手说:"我在休息的时候看到,老师会提前准备好明天要上的课,有的时候准备好我们要画画的纸,有的时候在电脑上写着什么。"

"我觉得小老师应该要对自己讲的故事非常熟悉,这样把书给我们看之后,老师依然能够大声地为大家讲故事。"萌萌说。

"老师在上课的时候都会有许多的问题,我觉得要当小老师也要准备很多的问题来问我们,还有,小老师要自己知道答案。"豆豆若有所思地说道。

老师把天天等孩子的回答进行了梳理,经过大家一致讨论后,认为小老师要在上课前做好以下准备工作:

1. 提前准备好和上课有关的材料,如故事、绘画纸等;
2. 要非常熟悉自己上课的内容;
3. 还要自己设计一些小问题。

这时,优优又提出了新的困惑:"我刚刚上课的时候,他们都不认真听我讲故事,一直在不停地提问,那我应该怎么办呢?"

对于优优的困惑,老师鼓励其余的孩子说出自己的想法。

"我们在上课的时候都是认真听的,只有老师提问的时候我们才会举手回答。"天天大声说。

"还有,上课的时候,要不断开动脑筋。"乐乐回答道。

豆豆着急地补充:"还有不能和旁边的朋友说悄悄话。"

老师也对小朋友的这些要求及时梳理:

1. 认真听讲,举手回答;
2. 上课要开动脑筋;
3. 要注意课堂纪律。

在经过爸爸妈妈协助及自己积极的准备后,优优的"小课堂"再次上线,这回,依然是好朋友们当小学生,一起来听优优"小老师"的故事课堂。

优优这回对于上课要讲的故事非常熟悉,能够完整地把故事讲给所有的学生听,还准备了许多的小问题考学生。这次的小课堂"小老师"大声讲课,"小学生"们认真倾听,真的有了浓浓的小学课堂的氛围了。

"小课堂"结束后,老师组织听课的"小学生"们对优优的课堂进行了评价(见表1)。

表1　小课堂评价表

姓名		小课堂名称	
	👩‍🏫		🧒
👂	☆ ☆ ☆ ☆ ☆	👂	☆ ☆ ☆ ☆ ☆
🗣	☆ ☆ ☆ ☆ ☆	🗣	☆ ☆ ☆ ☆ ☆
🧠	☆ ☆ ☆ ☆ ☆	🧠	☆ ☆ ☆ ☆ ☆
📊	☆ ☆ ☆ ☆ ☆ ☆ ☆ ☆ ☆ ☆		

在与孩子们一同解读了这张评价表后,孩子们议论纷纷:

"原来小老师和小学生都要注意认真听、大声说、动脑筋呀!"天天说道。

"我知道了,小老师动脑筋要会讲课,小学生动脑筋要会回答老师的问题!"乐乐高兴地说。

"然后再大声地说出来,还要说清楚。"豆豆补充道。

教师引导幼儿自主对"小课堂"活动中"小老师"及"小学生"的语言能力进行评价,让大班的孩子们关注到"小课堂"中倾听、理解、表达三个板块。同时,在教师引导幼儿自主评价"小课堂"的活动中,大班孩子对语言能力的关注度大幅提高。因此,通过师幼会议等形式,详细对"小课堂"中"小老师"语言能力的提升制定相应支持路径(见图1)。

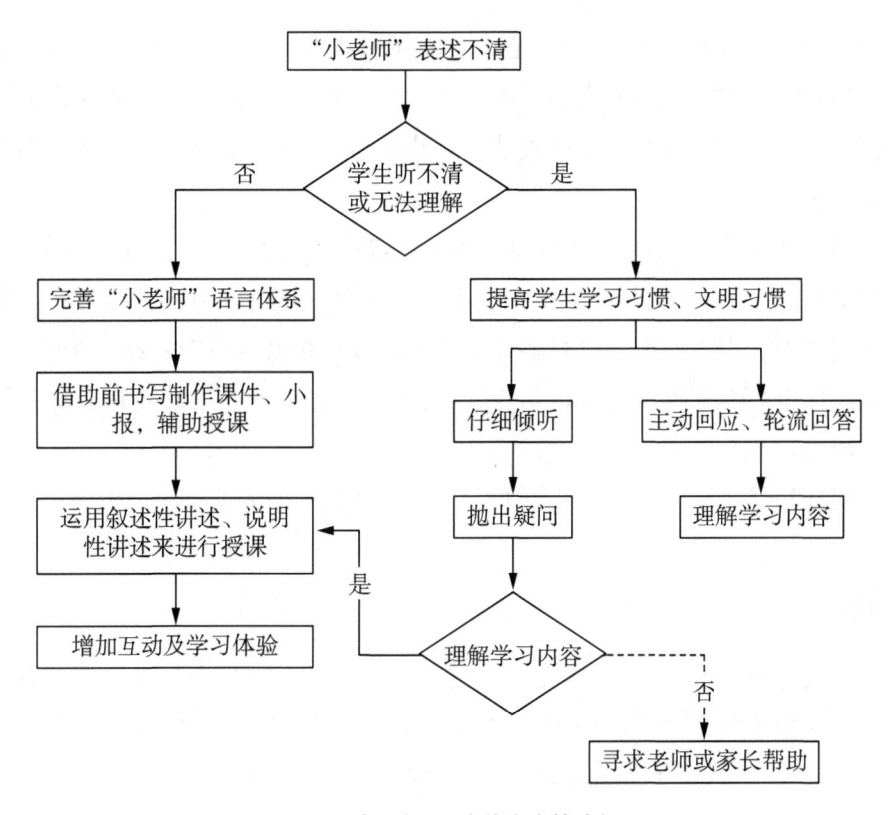

```
                    ┌─────────────────┐
                    │ "小老师"表述不清 │
                    └────────┬────────┘
                             ↓
                    ┌─────────────────┐
          否   ╱─────│ 学生听不清      │─────╲   是
         ┌────╱      │ 或无法理解      │      ╲────┐
         ↓           └─────────────────┘           ↓
┌─────────────────┐                    ┌─────────────────────┐
│完善"小老师"语言体系│                    │提高学生学习习惯、文明习惯│
└────────┬────────┘                    └──────────┬──────────┘
         ↓                                   ┌────┴────┐
┌─────────────────┐                          ↓         ↓
│借助前书写制作课件、小│              ┌──────────┐ ┌──────────────┐
│报，辅助授课     │              │ 仔细倾听  │ │主动回应、轮流回答│
└────────┬────────┘              └─────┬────┘ └──────┬───────┘
         ↓                             ↓             ↓
┌─────────────────┐                ┌──────────┐ ┌──────────────┐
│运用叙述性讲述、说明│←──是──         │ 抛出疑问  │ │  理解学习内容 │
│性讲述来进行授课  │               └─────┬────┘ └──────────────┘
└────────┬────────┘                     ↓
         ↓                       ╱─────────────╲
┌─────────────────┐             │  理解学习内容  │────否───┐
│ 增加互动及学习体验│              ╲─────────────╱          ↓
└─────────────────┘                              ┌──────────────┐
                                                 │寻求老师或家长帮助│
                                                 └──────────────┘
```

图1 "小老师"语言能力支持路径

教师与幼儿复盘各类"小课堂"现场及通过评价表对每次小课堂进行评价，并且结合师幼会议等互动讨论，对提升语言能力各种支持策略达成了一致，对后续"小课堂"中提升语言能力有了清晰的认知与明确的目标。

"小课堂"没有固定的授课模式，幼儿可以自由使用表现能力和发散性思维能力，在多元的"小课堂"活动中参与并感受自主创新和大胆想象的乐趣，获得更多语言应用的机会以及平台。实践中发现，"小课堂"是能有效促进幼儿提升语言能力的实践方式之一。

突破传统模式，以生生互动的形式为幼儿搭建语言运用平台。幼儿园大多活动以教师引导、幼儿参与的形式进行，而"小课堂"是幼儿通过扮演"小老师"与"小学生"的角色，"小老师"提前自由备课，"小学生"自主选课，通过语言、行为上的互动，向同伴传授自己的知识和本领来模拟小学生课堂授课场景的活动。对比传统模式，"小课堂"充分体现幼儿主体的地位，鼓励"小老师"运用多元方式授课，预设多项提问来增加与同伴之间的互动，为幼儿搭建语言运用的平台。

提升倾听习惯，以多样化"课堂"模式促进幼儿倾听有效性。倾听习惯是幼儿发展的一个重要方面，"小课堂"打破了幼儿所习惯的师幼互动模式，由每位"小老师"准备各种领域的内容及不同组织模式，"小学生"自主选择喜欢的课程进行报名，内容基于幼儿的兴趣，课堂形式基于幼儿经验，整体环境能够支持幼儿逐步提升倾听习惯。

积累表达经验，以不同角色身份在不同语境中提升表达能力。在"小课堂"中有两种不同的身份：小老师与小学生。两个角色均能收获不同的表达经验："小老师"需要运用说明性讲述、叙述性讲述等经验来介绍自己准备的内容，"小学生"也需要运用完整句来回答或提问。两者在"小课堂"中的积极对话提升了幼儿的语言表达能力。

相信在后续不断尝试中，孩子们将能更为自信、开朗地迎接小学生活。

案例说明

用小孩教小孩的方式，能够使担任"教"的任务的那个小孩具有更高的能力。他们不仅要知道教的内容，还要面对同伴提出的各种问题，所以他们会更加认真地准备，更加认真地倾听和思考，能力也就慢慢提高了。

8. "你一言，我一语"，大家一起来辩论

上海市浦东新区绣川幼儿园　盛伊丽

"我觉得上幼儿园好,幼儿园里朋友多;我觉得晴天好,天气好可以在草地上野餐;我觉得小蜘蛛不会理睬它的动物朋友,因为它一直忙着织网;我觉得……"大班的优优思维敏捷、口齿伶俐,常常能听到他自信地表达观点,毫不怯场、侃侃而谈。但是当他听到小伙伴有不同的意见,他脸上的表情就会从"晴天"变成"雷阵雨",满满的不屑。如果有更多不同的声音,就会看到优优火冒三丈地说:"我不跟你们说了!"然后气冲冲地跑走。这情形和平日里活泼自信的他,判若两人啊!于是,老师觉得开展一场正式的辩论活动尤为重要。辩论活动可以引导优优耐心倾听对方的观点,思考组织自己的语言进行辩驳,使其成为一个善于倾听、礼貌发言、能言善辩的孩子。

针对大班幼儿的年龄特点和发展水平,老师设计了一次辩论活动,用绘本《小鸭向前冲》为辩论基础内容。绘本讲述了一只胖胖的小鸭在旁人嘲笑、不被看好的情形下,依然笑着坚持参加跑步比赛,途中衣物掉落,即便只剩下短裤,小鸭仍然继续奋勇向前冲,最终幸运地夺得跳水比赛冠军的故事。

活动中有两个环节可以引发幼儿进行辩论。老师抛出第一个辩题:"朋友嘲笑小鸭这么胖也来参加跑步比赛,它会继续参加比赛还是不参加?"针对一些小朋友在辩论过程中不听他人意见的现象,在辩论之前,老师明确地表达了辩论规则:"这是我们第一次正式的辩论活动,辩论的第一条规则就是大家都可以表达自己的观点,没有谁对谁错,也不是你一定要听从我说的,大家围绕话题大大方方说出观点就可以了。"老师并没有指名道姓地对优优提要求,而是表达规则的时候用眼神关注优优。优优是个会察言观色的孩子,看到老师的眼睛时不时地看向他,他似懂非懂地也对老师点点头。于是,第一次辩论初探开始了。

向来发言积极的优优举手回答:"我觉得小鸭会参加跑步比赛,因为任何事情都要试一试,不试怎么知道自己不行呢?"老师回应道:"你的想法是小鸭应该参加,因为任何事情都要敢于尝试。"说完,老师在黑板上的参加版面贴了一个吸铁石,鼓励更多的孩子发表自己的观点。天天有不同意见:"我觉得小鸭不应该参

加，它是真的很胖，它跑不动的啊！"老师回答："你觉得小鸭还是不应该参加，因为这么胖是真的跑不动，我也给你贴个吸铁石。"这时候，老师看到了一旁的优优，他的脸色开始不悦，老师马上宽慰道："这是场辩论活动，大家都有权利表达自己的观点，其他小朋友认真倾听也是本领，你们看优优就在仔细听大家的观点，多好啊！"优优得到老师莫名的表扬，本来凝重的脸色开始缓和起来。之后，老师根据孩子们不同的观点贴着吸铁石计数，大家也开始体验到了辩论活动并不是"一言堂"，而是宽松的氛围，老师并没有偏向任何一方，大家可以放松自如地表达自己的观点。

　　随着故事的发展，老师接着抛出第二个辩题："小鸭跑呀跑，身上的衣物几乎都没了，只穿了一条短裤，继续坚持还是放弃？"这次是正式的激烈辩论，老师让幼儿根据自己的观点选择搬动椅子，坐成面对面的两方，辩论模式正式形成。果不其然，优优还是一马当先："我觉得小鸭还是会坚持下去，因为坚持下去就是胜利啊！"老师回应："优优选择小鸭会坚持的理由原来是一句至理名言。还有其他小朋友想发表观点吗？"欢欢振振有词："我觉得小鸭要放弃了，它只穿了一条短裤真难看。"晨晨紧接着说："万一跑着跑着，小鸭的短裤也掉了怎么办啊！"一听短裤掉了，有个孩子脱口而出："那就是光着屁股的小鸭呀！"顿时大家哄堂大笑起来。接连有两个孩子表达自己的观点，大家的笑声让优优的脸色红一阵白一阵，他尴尬极了，气愤地说："有什么好笑的，你们去笑吧！"老师见势不妙，安慰道："优优，你不要生气，他们也是表明自己的观点。我们一起再来听听和你想法一样的小朋友说一说，他们觉得小鸭会坚持的理由是什么。你坐下来听听，不到最后，你也不要放弃啊！"优优一听"不要放弃"这四个字，也觉得和自己之前的表达相吻合，顺势收起愤怒的表情，又开始平静地坐下来倾听他人的观点。不出意料，也有很多孩子说了很多小鸭坚持的理由，优优的状态开始放松起来，老师再次鼓励他继续思考，再和其他孩子辩驳。只见他时而点头示意赞同其他伙伴的观点，时而听到对方观点后又举手发言，非常投入。

　　在这场有趣的辩论活动中，优优再也没有气恼地一走了之，老师看着全身发着光的优优，由衷地笑了。

　　大班是幼小衔接的重要时期，也是幼儿思维以及语言高速发展的重要阶段。部分幼儿会出于自身个性的原因，在语言表达的时候出现暴躁易怒的情况，这不利于语言的输出和表达能力的提升。开展辩论活动，可以帮助幼儿提高倾听能力，促进幼儿主动思考，更重要的是幼儿在活动中尝试学习礼貌发言，不仅有利于其与同伴交往,也能习得正确的表达方式。

首先,建立辩论规则,营造宽松的辩论氛围。

辩论是一种高级的对话形式,幼儿不仅要积极思考之后表达自己的观点,还要与对方进行"辩",辩论的过程考验的是幼儿的高阶思维。在辩论的过程中,有些幼儿的确会像优优一样出现愤怒的情绪,无法接受别人反对自己的观点。俗话说,"不以规矩,不成方圆",老师首先就要让大家了解辩论的规则——所有幼儿都有资格围绕辩题发表自己的观点,这是一场公正公平的语言活动,不是互相吵架,生气更是毫无意义。规矩说在前,不仅对幼儿有一定的提示和引导作用,还有助于整场辩论活动的顺利进行。

其次,适时鼓励引导,转化消极的辩论情绪。

针对优优的情况,老师需要引导的就是优优交流沟通时的情绪,而且要循序渐进地引导。比如老师在讲解辩论规则时,并不需要指名道姓,直截了当地对优优提出遵守规则的重要性,而是以一种面向大家的口吻,不让优优觉得老师是在针对他。此外,老师的"眼神暗示"也是一剂预防针,通过眼神交流让优优有所察觉,明白遵守辩论规则的必要性、大家发表自己观点的公平性以及尝试耐心倾听他人观点的重要性。

随着辩论的开展,优优势必会听到很多不同的观点,他的性格脾气不可能一下子有所改变。老师一定要仔细观察,通过他的微表情马上进行解析和判断,通过一次猝不及防的表扬来缓解优优气愤的情绪,达到化干戈为玉帛的效果。

在第二次辩论中,当大家哄堂大笑的时候,优优冲动较真的个性让他失去情绪和表情管理,眼看他要扬长而去,老师立马进行宽慰和鼓励,循循善诱地引导他稳定自己的情绪。在强调辩论规则的同时,还要安抚他静下心继续听取他人的观点,感受两方争辩的情况,鼓励他再次投身于辩论活动中。在整个过程中,老师要以平等温和的语气与幼儿对话,切莫严厉制止,因为强硬的教育方式很有可能会适得其反,唯有温文尔雅、轻言细语才能说到幼儿的心田。幼儿在老师的引导之下,学习耐心倾听他人观点,愿意尝试调整自己的消极情绪,从而发现一走了之解决不了任何问题。

辩论不是比谁看着厉害、比谁脾气大、比谁声音响亮,比的是充满智慧的大脑和能言善道的小嘴,辩论是有礼有节的活动。

案例说明

有些小孩很喜欢与他人辩论,他们思维敏捷,言语丰富。不过这些孩子也容易与他人争辩,造成幼儿之间的矛盾。如何针对问题辩论,又不伤同学之间的感情,这时候,老师的作用就非常大了。本案例中,老师善于观察,像掌舵的船长负责船只往正确的方向前进,面对不同个性的幼儿进行引导,特别是情绪容易激动的幼儿,在适当的时候介入,让幼儿明白耐心倾听他人观点,调整自己的情绪,输出自己所思所想的重要性。这样有助于培养幼儿的逻辑思维能力,丰富幼儿的辩论经验,对于幼儿的个性发展、与人交往以及终身发展都有良好的促进作用。

第三部分　倾听习惯

9. 会倾听，棒宝宝

上海市浦东新区竹园小学　马晓梅

明天就要开学啦！晓晓和乐乐这一对好朋友，正在打电话分享着彼此的喜悦。"乐乐，我在一(1)班呢，我是第12号。"晓晓大声地分享喜悦。

"啊？我也在一(1)班，可是不知道自己是几号。你怎么知道的呀？"乐乐好奇地问。

晓晓笑了起来，说："张老师来家访的时候就告诉我们啦！还有很多小提醒呢，除了带好文具，还要带好小水杯、小手帕……"

乐乐听了，心里真不是滋味。晚上，他坐在书桌前，一遍一遍地收拾书包。他沮丧地对妈妈说："妈妈，我就怕漏了什么东西。哎，张老师来家访的时候，我光顾着跟她分享自己的小手工了，她说的注意小事项我都没听进去。"妈妈笑了，温和地对乐乐说："宝贝，专心听对方讲话，是对别人的尊重，也会省去很多麻烦。明天你就要成为一名小学生啦，上课的时候可要专心听讲哦！"

第二天上课的时候，孩子们坐得笔挺，一双双亮晶晶的小眼睛看着讲台上的张老师。张老师满面笑容，告诉孩子们："小朋友上课要做好三件事：认真听、用心记、大胆说。"张老师用不同形式说了几遍后，请乐乐起立："乐乐同学，你来重复老师的要求可以吗？"乐乐紧张地说："张老师要我们认真听，然后，然后……"还有什么呢，哎，要是好好听妈妈的话专心听讲就好了。可是小法宝究竟是什么呢？这时，一旁的晓晓赶紧做了一个说话的动作，乐乐立刻想起来了："还要认真记，最后大胆说！"张老师笑眯眯地表扬了乐乐，请乐乐坐下。

张老师当然发现了乐乐并没有很好地记住要求。在这个教学小环节中出现的问题绝非偶然。老师们在长期的教学实践中发现，多数学习适应期的学生倾听能力并不佳。由于学前教育的深浅程度不一，孩子们出现了各种各样的倾听问题。一年级的内容对部分孩子来说过于简单，于是就会出现没耐心听下去、随意打断别人、急于说出答案等现象；也会有部分孩子在听长一些的句子或者内容复杂一些的要求时，出现注意力不集中、不够耐心、听话听一半的现象；还有一部分孩子会因为理解能力有限，还没有完全消化发言者的内容，就被其他同学影响，导致整个倾听无效。

这次,张老师这样做……

她把这三件事写在黑板上,并且带着孩子们一起读,拍手读,合作读,再随机请孩子回答,孩子们全部记住了。

张老师:"孩子们发现了吗?这一次你记住了老师的要求,这是为什么呢?"

乐乐:"因为我重复说了好几遍。"

张老师:"看来多记几遍总能记住话的内容。"

晓晓:"因为张老师带着我读了一遍。"

张老师:"所以你也听清楚了老师的要求具体是什么,跟着老师一起读。"

乐乐:"因为我认真听了老师说话,我一直在看老师。"

张老师:"我也感受到了你的目光。你在听老师说话的时候一定没有分心想别的事情,你也没有做别的动作,你真棒!"

……

张老师:"小朋友们好厉害,当我们认真听老师讲话,眼睛一直看着老师,听清楚内容,并且多记几遍,就很容易记住老师的要求了,这就是会倾听。希望以后同学们多用这样的好办法,做一个会倾听、有礼貌的好孩子。你们都是会听的好宝宝!"

倾听是幼儿感知与理解语言的行为表现,是表达与交流的环节之一。《义务教育语文课程标准(2022年版)》中对第一学段"表达与交流"的目标是这样设定的:"能认真听他人说话,努力了解讲话的主要内容,能复述大意和自己感兴趣的情节。"学生能认真听老师讲课,就能顺利理解老师的要求和思路,更好地吸收知识,提高学习能力;能认真听同学说话,就能听到不一样的见解和方法,开拓自己的眼界;能认真听家长和他人说话,就能更好地和家人、和社会、和他人相处,更加愉悦生活。基于此要求,结合幼儿的年龄特点,以及爱玩游戏的天性,我们在幼儿园大班以及小学低段的学习活动中,应多开展倾听训练方面的课程和游戏,让孩子在丰富的学习体验中培养倾听习惯,提高表达与交流能力。针对这类案例,经过经验总结,有如下建议供参考:

一、创设语言环境,导向倾听习惯

良好的语言环境是幼儿能认真倾听的前提。在实际教学中,教师在课堂上可以语调抑扬顿挫,讲解绘声绘色,或暂时停顿卖个关子,或音量高低惟妙惟肖,自然而然吸引学生注意力。在此过程中,目光的交流会大大提高学生信息接收和理解的效果,所以我们首先要求学生眼神要追随教师,教师也可以用眼神给予学生肯定,照顾到每一位学生。最后,教师应及时发现在认真听课的同学,予以积极肯定,通过"他的坐姿很端正""他的小眼睛紧紧盯着老师""她在认真模仿老师的语调"等语言暗示,让学生潜移默化养成正确的倾听习惯。

二、开展趣味游戏,锻炼倾听能力

幼儿年龄小,各项注意力都不能集中太久。根据幼儿年龄特点,我们可以用孩子们喜欢的游戏方式,着重锻炼孩子的听觉注意力。如:老师以一定速度报一串名词,请小朋友听到小动物或者水果就拍手;老师说一段话,请同学们听到数字就站起来。这样的游戏让孩子能集中注意力专心听,并且迅速捕捉到信息,最后做出判断。可以在整个一年级的学习过程中有计划地深入开展这类游戏并逐步加大难度。还可以开展"把悄悄话传下去"的活动,小朋友们排成一队,由第一位同学把字条上的一句话悄悄传下去,到最后一位同学说出话语内容,话语内容最完整的组即为胜利。借助此类趣味游戏和活动,让孩子在玩中学习,在听中提升,切实锻炼孩子的听觉注意力,提升倾听能力。

三、开展绘本阅读,学习倾听方式

绘本以其趣味性、生活化、图文并茂等特点深受小朋友喜爱,无疑是培养学生阅读能力和倾听能力的上佳选择。在我们身边有许多优秀绘本均涉及幼小衔接,比如《大卫上学去》《同桌的阿达》《爱打岔的小鸡》《我要上一年级啦》等,可以在幼儿园和小学低段阶段,由教师带领共读绘本。教师可以通过师生共读、伙伴合作读、个人自由读等方式,激发孩子的阅读兴趣和想象力,并且鼓励学生大胆表达。在倾听与表达的环节中,强调倾听方式,比如不能打断别人的发言,看着发言者的眼睛,耐心等小朋友说完整再发表自己的看法等。在表达时也需注意别人说过的话不说,注意表达的完整性。借助绘本这一支架,进行持续性的、规律性的阅读,让学生习得更好的、对自己有益的倾听方式。

四、树立倾听榜样,实现家校共育

孩子学习的场域之一是家里。饭桌前、台灯下,家长陪伴孩子学习,是每个孩子自信和快乐表达的源泉。家长要在平时的亲子相处中树立倾听榜样,锻炼孩子的倾听能力。比如每天请孩子讲述自己在学校最开心的时刻,在讲述过程中耐心倾听,不随意打断孩子,不表现不耐烦等神态或者语言,眼睛温和地看着孩子的眼睛,听完之后予以回应。家长以此方式树立倾听榜样后,继而可以给孩子分享自己的生活片段,关注孩子的倾听状态,并及时给予提醒和肯定。可以定期举办家庭交流会,现场录制并回放,既是家庭成员温馨相处的美好回忆,也是孩子倾听能力回顾提高的有效方式。

在实施的过程中发现,学生倾听能力的强弱与平时的交流习惯、周围环境等因素密不可分。幼小衔接阶段的孩子,自我意识正在觉醒,又处于语言蓬勃发展期,有非常强的表达诉求,相对难以静下来倾听。我们通过创设语言环境、开展趣味游戏、持续绘本阅读、借助亲子关系等方式进行改善和培养。经过一段时间的策略实施,孩子们学会了倾听时眼睛看着对方、倾听时不打断别人交流、倾听时注意力集中,倾听能力有了显著的提升。在幼小衔接阶段,学生的心理压力和情绪迷茫是不可避免的,帮助孩子培养良好的倾听能力,就是一种帮助和支持。

案例说明

倾听是幼儿也是我们每个人一生都要习得的重要能力。学会倾听,会听到风过的痕迹,会听到花开的声音。它不仅是理解,更是尊重;不仅是表现,更是素养。本案例把教师和家长的职责融入具体的教育行为,耐心引导,榜样引路,将倾听这一学习习惯和素养品质潜移默化根植进孩子的内心,促进孩子全面发展,不仅助力幼小衔接,更是助力学生成长的每一步。希望更多的乐乐和晓晓们,都是会倾听的棒宝宝!

10. 大耳朵和小星星

上海市浦东新区华高小学　程　琛

新学期开始了,晓晓非常渴望得到老师和同学们的认可。上课时,晓晓总是打断老师说话:"我知道!我知道!"老师没请他回答他就大喊。课间,同学们围在一起讲故事,晓晓凑过脑袋,着急地打断:"不对!我来说……"晓晓总爱抢话,同学们慢慢就不愿意和他一起玩了,晓晓有点闷闷不乐。

这天,英语课前,程老师在黑板上贴了一对大耳朵,程老师说:"同学们,今天老师带来了一对有魔力的大耳朵,只要老师指着大耳朵说'Sharp ears',同学们就要大声喊'Listen!Listen!Listen!'。然后像老师一样,戴上大耳朵(程老师左手握"C",放在耳边),仔细听老师的任务,好吗?""好!"全班同学齐声回答。接下来,程老师带着同学们一起试了几次,直到每个同学都弄清楚"大耳朵"的规则。

"真棒!程老师还带了一些小星星,小星星就放在每位同学的桌角上,只要今天课上完成老师的小任务,同学们就可以在老师给大家准备的集星册上给自己贴上小星星,我们一起来比一比谁的耳朵最灵敏,谁的小星星最多。"

上课铃响了,晓晓精神饱满地回到了位子上,他要拿到最多的小星星,让同学们和老师都对他刮目相看。

今天上的是牛津英语上海版一年级第二学期"Module 2 Unit 1　Toys I like"的内容。首先,程老师拿出了一只可爱的布娃娃,向同学们问好:"Hello, everyone. I'm CiCi. Can you say hello to me?"大家争先恐后地举手,程老师马上指了指黑板上的"大耳朵"。

"Sharp ears!"

"Listen!Listen!Listen!"晓晓的声音最响亮,程老师满意地向晓晓竖起了大拇指。

"Say'Hello!I'm _____'OK?"

同学们齐声回答:"OK!"

"Now, who can try?"

"Xiao Xiao, please!"

"Hello, I'm Xiao Xiao."

"Great!"

……

程老师又和几位同学进行了问答练习并给出了回答问题的标准句型。乐乐回答正确,同学们都为她热情地鼓掌;坐在后排的天天也举手回答了问题,程老师给了他一个拥抱……

"OK, boys and girls. You all did a good job. 请同学们拿出评价表,如果你能完整地按照老师的例子回答出刚才的问题,就可以在第一栏中贴上三颗星,只回答单词的贴两颗星,还需要加油努力的贴一颗星。"晓晓连着回答了两题,开心地在评价表上贴上漂亮的三颗星星。

程老师播放黑板大屏幕上的 PPT,画面上出现了四个漂亮的盒子。"Now, let's play a game. I have four boxes. Can you guess. What toys are they?"搭配着有趣的背景音乐,程老师指着第一个箱子边说边做动作。

"It's yellow. I can play it in the park!"

晓晓着急地喊起来:"Kite! Kite!"

程老师又指了指黑板上的"大耳朵",示意晓晓坐下:"Xiao Xiao, listen carefully, OK?"

程老师又重复了一遍谜题:"It's yellow. I can play it in the park! It's big!(双手在空中画大圈)What is it?"

"It's a bicycle!"晨晨立刻举手说。

"Great!"程老师向晨晨竖起来大拇指。很快,四个玩具都被同学们猜出来了。

"Now, look! Let's buy some nice toys. What do you like? Who can help me?"程老师请同学来跟她一起完成对话练习。

"Xiao Xiao. You try!"

程老师又指了指黑板上的"大耳朵"。

"Sharp ears!"

"Listen! Listen! Listen!"

程老师转向晓晓。

"Can I help you?"

"I like the doll. It's nice."(程老师拉起晓晓的手,让他指着自己喜欢的玩具。)

"Here you are."(程老师把玩具递给了晓晓。)

"Thank you."

"Nice. Thank you. Xiao Xiao Give me ten! Now, please try in pairs!"程老师指示同学们进行问答训练,并提醒同学们边说边做动作。

完成对话训练后,程老师再次让同学们拿出了评价表:"我们刚才完成了两个部分的练习,请同学们根据自己的表现和评价表上的要求贴上相应数量的小星星吧!"晓晓心想:我和老师完成了问题,而且还边说边做了动作,太棒了!我能拿四个星星!

为了更好地开展倾听活动,教师可以与基础较好的同学进行会话示范,在进行会话的同时需要将动词用肢体表现出来,教师要注意引导肢体动作的实施。同时,有趣的音效可以最大限度地吸引儿童的注意力,让他们保持线性倾听。

下课铃响了,晓晓兴奋地跑来和程老师说:"程老师,我今天拿了九颗小星星呢!"程老师微笑着说:"晓晓真棒!今天上课特别认真!"晓晓骄傲地说:"我一看到黑板上的'大耳朵'就想到小星星,只要认真听就能得到小星星!""对喽!"程老师赞许地摸了摸晓晓的头,"完成课后任务也能拿到星星哦!先朗读今天学习的故事,然后和好朋友一起表演买玩具的对话!可以自己贴上合适的星星,也可以让爸爸妈妈帮你贴上星星!"晓晓听了高兴地点点头。

基于《义务教育英语课程标准(2022年版)》的目标要求,评价应当是对学习兴趣和学习习惯等多维度的评价。在幼小衔接阶段应当以培养小学生的英语学习习惯为主。其中,倾听习惯的培养是最重要的习惯之一。而倾听习惯的培养在日常的教学活动中随处可见,《小学低年段英语学科基于课程标准评价指南(试行稿)》中提出:"要养成在日常教学中关注每一位学生的习惯,通过观察学生活动、作业、测验等方面的表现,评价学生的学习兴趣、学习习惯、学业成果等。"可见,对教学活动的对象——学生做出合理、有针对性的评价是培养倾听习惯的最有效途径。

学生自评表格可以让儿童对自己阶段性的倾听活动做一个总结,并起到提示儿童注意聆听的作用。课后,教师将对学生进行倾听习惯的评价。教师评价分为课后倾听习惯评价以及课堂具体评价,教师通过双重评价,不断调整教学方式,从而帮助儿童更好地养成倾听习惯。

案例说明

在日常的教学活动中,教师可总结出一套简单明了、指向性明确、学生愿意倾听的教学基本用语,如:"1,2,3, Go!""Let's read together!"等。同时针对低年级学生,教学用语可以配合适当的肢体动作。

为了更好地培养学生的倾听习惯,在教学活动开展过程中,教师要通过全面仔细的观察对学生倾听能力进行评价,包括在发布指令时、学生自由完成任务时等,及时获取学生是否听懂或听清的信息;同时,使学生对评价内容与标准有所感知,从而为评价的实施做好准备,更好地开展评价活动。

在倾听习惯总结评价阶段,可以参考《小学低年段英语学科基于课程标准评价指南(试行稿)》,其中指出教师对于学生评价总结的用语是:"老师的话以第二人称的方式撰写,较为符合低年级学生的心理特征。话语内容在肯定学生成绩的同时,也要给予学生明确的学习建议和今后努力的方向。激发学生学习的兴趣、树立学生学习的信心和促进学生的学习是评价的根本目的和基本理念。"如:"课堂上,你能认真倾听老师的要求,在 Listen and number 中听得非常仔细,回答正确,希望你能在课上继续保持倾听的好习惯!"

在整个评价过程中,教师要特别注意,每个学生在每个评价单元中至少获得一颗星,让每一位学生都感受到教师的关注和鼓励,不放弃英语学习的热情;此外,评价中所出示的星星可用多种多样的形式出现,如贴纸等,从而最大限度地激发每一位学生的学习热情。

11. 带上耳朵去游戏

上海市临港新城海音幼儿园　朱丹红

　　户外游戏时间到了，优优和几个孩子一起来到了户外角色区域。进入场地后，看到了这么多的游戏材料，孩子们开启了讨论。乐乐说："我们开个小餐厅吧，我想要当厨师，我很会炒菜。"欢欢说："那我来做饭吧。"天天举着小手说："我要当餐厅老板。"孩子们开始有序地选择角色，而另一边的优优则兴致勃勃地拿着材料自行比画，沉浸在自己的小世界中。不一会儿，"美味小餐厅"开张了，晨晨跑过来说："我想吃红烧排骨和烤串。"然后乐乐就走到材料区寻找材料。等回来时，看到优优在他的位置上，用刀在切橡皮泥，乐乐立马说："我是厨师，你不是，快走开。"优优说："我要当厨师。"这时在一旁忙碌的餐厅老板天天跑过来说："刚刚我们分配好了，乐乐是厨师。但我们还缺个服务员，优优当服务员吧？""我就是要当厨师。"说着优优依旧做着手里的厨师工作。乐乐只能暂时妥协，在优优的另一边也开始制作菜肴。

　　优优将橡皮泥和纸片放入锅中，用锅铲进行翻炒，但翻炒两下后发现忘记倒油，于是自言自语地说道："我忘记倒油了。"优优转身想把乐乐正在使用的油拿走，但乐乐立即表示："不可以抢，等我用完了再给你。"然而，优优仍然坚持自己的做法，拿起乐乐的油开始使用，这时两个小朋友不可避免地发生了争吵。发现这个情况后，老师开始引导幼儿商量合作。"孩子们，我们小厨房迎来了许多小客人，一个厨师可能会有些忙碌，是否可以考虑让两个人共同担任厨师职务呢？""好的。"优优和乐乐异口同声地说。这时老师假装犯难地说："但是你们各自做各自的菜会不会做得一样呀？"乐乐听后说："对的，那我们做得一样怎么办？"这时，两个小朋友开始低头不语。"要不要在客人点单后，两个人商量合作一下，谁做哪道菜呀？"教师利用这个机会提出建议，于是两个孩子开始共同探讨合作计划。乐乐说："那你做客人点的炒菜，我做客人点的烤串好吗？"优优点点头说："好的。"不放心的乐乐转过身又提醒道："那你要仔细听清楚客人点的菜，不要做错了。"在两个孩子的努力和几位小伙伴的热情参与下，大量的订单很快就完成了。

　　《关于大力推进幼儿园与小学科学衔接的指导意见》中指出："坚持双向衔接，

强化衔接意识,幼儿园与小学协同合作,科学做好入学准备和入学适应,促进儿童顺利过渡。"可见,幼小衔接阶段准备工作的开展对幼儿走出幼儿园进入小学阶段有着非常重要的作用。尤其是培养幼儿良好的倾听习惯,有助于逐步培养幼儿的沟通、合作意识,提高幼儿的人际交往能力,促进幼儿的社会性发展,从而帮助幼儿更从容地进入小学生活,为他们的终身学习打下良好基础。因此,教师要尽最大的努力促进幼儿倾听能力的培养。

建议一:教师可以在温馨、宽松、舒适的环境下,选择幼儿当下热门的话题,激发幼儿的倾听欲望。比如:男孩子们最感兴趣的奥特曼卡片,女孩最感兴趣的服饰装扮等。但在幼儿表述前教师应该适时地提醒幼儿,要在倾听完前面一个小朋友的发言后,再表述自己的想法,不可以在中途打断同伴的发言。碰到有小朋友打断别人发言的情况时,教师可以抓住时机问幼儿:"刚才你有没有听到他在说什么?"这时,幼儿就会有意识地在同伴发言时认真倾听。教师也可以在教室里多创设一些倾听角,开展绘画接龙游戏,让孩子们互相合作,互相倾听对方表述的画面,然后用绘画的形式展示出来,再把小红花等幼儿喜欢的贴纸赠送给幼儿,激发他们的主动性。在相对安静的区域放置多媒体软件,让幼儿在安静、温馨的环境中认真倾听故事,最后可以让幼儿自己创编图画书等。在一日生活中,教师也可以将枯燥乏味的倾听训练通过有趣的游戏形式加以练习,如"传声筒游戏""词语接龙""小小主持人"等,让幼儿在游戏中潜移默化地受到训练,能收到事半功倍的效果。

建议二:家长可以在平时生活中多和幼儿交流,多跟孩子一起看绘本,在交流中给予幼儿正面的鼓励和肯定。可以是点头微笑、惊喜的表情,也可以是一个大大的拥抱,还可以是一句温暖的话语,如"哇,你听得好仔细,你的小耳朵可太厉害了""你都能听出妈妈哪里说错了呀,你可真棒"等。在睡前十分钟做一些亲子小游戏,如家长说一段话:"傍晚,妈妈在水果店买了十个苹果和两个西瓜。"然后,家长可以提问:"谁去买西瓜了?""妈妈买了什么?""妈妈去哪里买的?""妈妈什么时候去买的?"等,有效地培养孩子的倾听能力,锻炼孩子的专注力。当然每个家长还需要根据自己孩子的特点,尊重孩子的个体差异性,从自己孩子的兴趣点出发,对其加以鼓励和引导。另外,家长也要认真倾听。起到成人的榜样作用,以身作则,才能促使幼儿从被动倾听到主动的倾听的跨越。

《3—6岁儿童学习与发展指南》提出"在集体中能注意老师或其他人讲话""听不懂或有疑问时能主动提问"等语言发展目标。优优在游戏前不注意倾听同伴间的交流,自己一直在旁边摆弄材料,完全沉浸在自己的世界中;等同伴分配好角色开始游戏时,优优依然自我地选择了"厨师"这一角色,无视同伴的沟通,导致和同伴出现了角色重复,以至于孩子们产生了冲突。同时,在游戏过程中优优不顾同伴的劝说和商量,再三抢夺油壶,我们可以看出优优的倾听能力较差以及和同伴间的沟通意识缺乏,自我中心意识较强,最后再次和同伴发生冲突,游戏也被迫中止。随后教师积极介入,引导幼儿互相讨论,在认真倾听同伴的表述后再次进行分工,帮助游戏再次开展,提高了幼儿游戏的积极性,促进了幼儿间的社会性交往。

幼儿期是语言发展的关键期,也是幼儿人际交往能力、沟通能力发展的关键期,而倾听是获取这些能力的重要途径。倾听能力的发展对孩子的成长有着非常重要的影响。尤其是中大班幼儿正处于发展合作交往能力的初始阶段,倾听能力更需要重点培养,为幼儿步入小学生活打好基础。而孩子们的人际交往意识与沟通合作意识体现在幼儿园的一日生活当中,是经过一系列游戏活动慢慢发展起来的。可见,幼小衔接不是一蹴而就的,而是经过了长期的准备,在适合的时间,为幼儿提供全方面的支持。

入学准备并不是完成"固定"知识的传授,不是提前也不是抢跑,而是建立在幼儿全面发展的基础上,不断激发幼儿的兴趣,满足幼儿的愿望,培养幼儿的倾听习惯。最后教师要相信幼儿,坚持用科学的教育理念,运用创新的思维去理解幼儿,尊重幼儿的想法,关注幼儿的兴趣爱好,考虑幼儿的身心特点,努力探索什么是幼儿真正感兴趣的。从培养孩子"倾听"起,让孩子逐渐学会从"我"到"我们"合作的过程!

案例说明

不少幼儿游戏时,比较专注于自己"玩",但幼儿园的不少游戏并非个人游戏,而是合作的游戏。这时候需要幼儿之间开展讨论,分配时间、顺序、物品和角色,幼儿需要用心倾听他人的建议和话语内容。本案例的优优开始没有做到倾听他人的话语,在老师的引导下,才学习与他人合作,倾听他人的建议,继而把游戏和活动继续下去了。其实,倾听也是交往的一种方式,它的核心是理解,理解力提高了,幼儿自然就会成长。

12. "听"动物游戏的故事

上海市浦东新区东方德尚幼儿园　金丹丽

随着幼儿语言和交流能力的发展,他们经常在阅读区编故事、表演区编游戏,这些故事和游戏虽然十分简单,但很有趣。这无疑在启示教师:幼儿的认知视野在拓展,交往范围也在扩大,采用自由、自主的创编形式将有利于幼儿的语言组织运用和交往能力的发展。

于是,教师和幼儿一块儿,根据设定的角色,兔子、老虎、大黄狗、猴子、狐狸等几种动物来创编故事。幼儿也可以根据自己的设想独立或与同伴一块儿编故事。

优优:"兔子怕老虎,它遇到了老虎,就会赶快逃跑,它跑啊跑,跑得比老虎快。"

乐乐(插话):"我知道,我知道,老虎……"

优优:"乐乐,我还没有讲完……"

教师:"那我们听优优说完,兔子究竟怎样了?"

优优:"兔子逃跑了,老虎没追到。"

教师肯定幼儿:"这是一个好玩的故事!她说到了故事里的兔子发生了什么事情,兔子是怎样脱险的。如果你也有好玩的故事,就冲老师点点头。"

孩子们认真地点头,也有孩子嚷嚷一声:"还有大黄狗……也想抓兔子!还有……"

教师鼓励幼儿:"真好!想编故事的小朋友好多呀!那我们都来编故事吧。你要想一想自己的故事有什么独特的地方,还要听听小伙伴的故事有什么特别的地方、好玩的地方。你们能不能编出来,能不能听出来呢?"

优优:"能的!我会编故事,也会听小朋友讲故事。"

教师激励幼儿:"好!我们找一个朋友,相互说故事,说故事的人要说得连贯,听故事的人要听得认真,不可以打断,相信你们是最佳搭档哦!"

于是孩子们开始结伴创编故事。

优优:"我说的是,猴子在追兔子,遇到了大黄狗,大黄狗很凶,把猴子赶跑了。然后他们看见了老虎,就赶快跑呀跑,跑回家了,老虎没有抓住它们。"

乐乐:"我的和你的不一样。老虎出门散步,看见大黄狗、兔子和猴子在玩,它想吃大黄狗,又不想和狐狸分享,就让狐狸去抓兔子。兔子跑得快,狐狸就也要赶快跑,这样就不会和自己抢大黄狗吃了。但是大黄狗跑得也很快呀,还会拐弯,一会儿就跑不见了,老虎只好饿肚子了。"

《3—6岁儿童学习与发展指南》指出"引导幼儿学会倾听"。"听"是人类了解外界事物的重要途径。日常中,幼儿能听到大量的信息,而有效的倾听是需要付出专注的注意力和思考的。教师的指导是建立在幼儿的需要之上,采用生活化、趣味化的方式引导幼儿在不知不觉中学会倾听、喜欢倾听,养成良好的倾听、表达和交流的习惯。

孩子们参与活动和讨论的积极性非常高,有时候会不够注意同伴的发言而争着表达自己的想法,他们会说:"我知道！我知道！"于是教师通过准确的提问让幼儿思考,并做好榜样认真倾听幼儿的发言,使幼儿理解别人说话的时候自己不能讲话,否则就会听不到,促进幼儿逐渐养成倾听习惯。且这种习惯正在从外显动作行为的不注意听向着注意倾听而转变,幼儿对同伴的表达也渐渐有了反应,懂得回应。

由于感兴趣,幼儿就很注意听四种动物是谁,它们有什么特点,发生了什么事情,遇险的兔子是怎样脱险的,每个同伴的故事有什么独特的地方,如果你是兔子、大黄狗、老虎或狐狸,你会怎样做……利用情节的推进促进幼儿倾听,有利于听的习惯的养成。相信在今后活动中,幼儿将学会倾听,懂得运用倾听和表达与大家一块儿围绕一个主题讨论,达成一致性的目标,并产生情感共鸣。

教师与幼儿是教育教学活动中的重要双方,教学相长,教育教学从来都是师幼双方的投入、交流,使双方都得到发展和成长。活动中,教师的提问准确、有效,便于幼儿听清楚,教师对幼儿的倾听十分专注且有及时的回应,使幼儿的回答能够围绕主题,并学习倾听他人,呈现出良好的倾听性和交流性,对幼儿后续的交谈能力的提升、倾听习惯的养成有很好的促进作用。

好的倾听习惯是幼儿入小学后有效学习的保证。但是,目前大多数幼儿园的孩子在这方面的习惯还没养成,表现为:有插话的,有自己回答完问题就不听别人的意见或建议的,有在做自己喜欢的事没有听老师或同伴讲的,等等。这些现象势必会影响幼儿的注意力,从而影响他们今后的学习态度和质量。所以,从小培养良好的倾听习惯是培养幼儿良好学习态度的重要一环,良好的倾听习惯的养成将为幼儿一生的可持续发展奠定基础。

倾听习惯的培养是一项长期的教育过程,其中的很多内容不单单是在大班时才得以培养的。教师们必须树立全局观念,将幼儿倾听习惯的培养贯穿在幼儿一日生活的各个环节之中,因势利导地进行教育,从而更好促进幼儿的全面发展,完成幼小衔接中的社会适应性准备,只有这样才能帮助孩子顺利度过人生第一过渡期,为适应小学生活奠定基础。

倾听习惯不仅仅要在幼儿园培养,家庭培养也是非常重要的,因为孩子很多时间是和家长共同度过的。因此,教师常和家长交流,商议培养幼儿认真倾听的方式方法:一是把教师专门训练倾听的游戏教给家长,让家长和孩子们共同训练。二是要求家长树立自己倾听的形象,对孩子的问题耐心地倾听,热心解答。三是家长和孩子互相讲故事,提出问题,从而促进互相倾听习惯的形成,等等。

良好倾听习惯能促进幼儿良好学习态度的形成,是幼儿终身发展中一项重要的素质。习惯的培养并非一朝一夕之功,因此,培养幼儿养成良好的倾听习惯,不光要从教师们自身做起,根据幼儿的年龄特点从小抓起,更要在教学工作中持之以恒地坚持下去。让教师们一起为培养具有良好学习习惯的孩子而不懈努力!

幼儿入小学是教育过渡的关键期,幼儿园和小学的教育目标、内容和形式都不一样。做好衔接可以为孩子以后的学习和发展打下良好的基础。总之,非常希望教师和家长能积极配合,家园统一,共同完成幼小衔接。

案例说明

培养儿童倾听的好习惯不能单独进行,而要与培养孩子表达同时进行。本案例采用师幼共同编故事的方式来帮助孩子提高倾听和表达能力。为了故事的完整性、合理性,孩子们既要听别人讲,又要自己说,这样相互之间就能形成一个连带反应——认真听,仔细想,大胆说。所以,任何一种习惯的养成都要以任务来驱动,使孩子们在活动中慢慢形成好习惯。

第四部分　作业习惯

13. "晓晓"的世界，大大的发现

上海市浦东新区明珠小学　眭　姝

下课了，乐乐走到晓晓身边，神情严肃地说："晓晓，前两天上海新冠生病的只有几个人，这两天越来越多了，我们不会又要线上学习了吧。我喜欢和大家一起在学校学习啊！"晓晓皱了皱眉，马上捂住乐乐的嘴："你别乌鸦嘴。"这时，班主任马老师走了进来，要求同学们坐回原位，马老师说："各位同学，刚才学校通知，鉴于当前疫情形势的严峻性、复杂性，为了确保大家的身体健康和安全，经研究决定，从明天起，我们由线下教学转为线上教学。同学们……"

晓晓想起了一年前自己居家学习时的情景，打了一个冷战……

第二天一早便是线上数学课，数学木老师一上完课，便发布了一份神奇的作业号召单，同学们都忍不住点开，仔细阅读：

表1　"生活中的数学"作业号召单

	生活中的数学
现实问题	每天的疫情是我们关注的对象，那一个个增加的人数使人们的心揪在了一起。相信大家每天都会关注上海新增确诊人数的情况，现将本周情况做了简单记录并罗列如下： | 时间	本土确诊新增人数	无症状感染者人数
---	---	---
2022年3月20日0—24时	24	734
2022年3月21日0—24时	24	865
2022年3月22日0—24时	4	977
2022年3月23日0—24时	4	979
……	……	……	
相关问题	(1) 你知道每天确诊病例和无症状感染者的总人数吗？ (2) 你还能提出什么问题？ (3) 你有什么想法或感受，与老师或同伴分享一下。
作业号召	请用你那善于观察的双眼来找找生活中的数学问题，并用所学的数学本领来解决吧，期待你的发现和分享！

续表

生活中的数学	
提交形式与方法	以文字、图片、视频或其他自己喜欢的方式交于老师或分享至群内。

晓晓读完作业号召单,认真思考起身边有关数学的问题,吃穿住行,该从哪方面找起呢? 正在思考时,好朋友欢欢在线上拉了一个小群,并把晓晓和萌萌也一起拉了进来,几个小伙伴纷纷讨论起寻找生活中的数学话题……

过了几日,钉钉群里数学木老师分享给大家一段视频——《生活中的数学第一集》,晓晓立刻欣赏,真希望自己和小伙伴的作品能被老师选上!

伴随着俏皮的背景音乐,晓晓惊喜地发现伙伴们的作品依次出现。首先是乐乐的"我的健康我做主",乐乐通过每日锻炼记录表的形式,记录每天不同种类的跳绳的个数(见图1),并利用三位数加减法的知识用不同的方法计算出3月12日—3月16日、3月17日—3月21日的跳绳总数(见图2),根据数据与数据之间的不同,进行分析,提出看法,评估自己的跳绳成绩是否有进步的同时,对下阶段的锻炼计划有了新的启发。

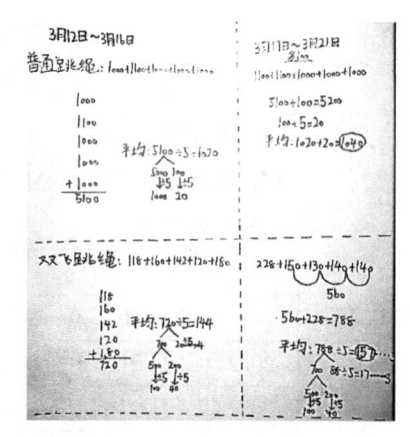

图1　乐乐每日锻炼记录　　图2　乐乐对每日锻炼记录的数据对比

紧随其后的是欢欢,欢欢通过发现、搜集、整理、分析数据,统计了家里水电的费用问题。比如她记录了2022年第一季度每月的水费、电费、燃气费情况,通过三位数加减法的知识得到家里第一季度的水、电、燃气消费金额总数(见表2),与此同时她对这些数据提出了自己的问题和看法。

欢欢的调查:

表 2　欢欢记录的家庭水、电、燃气费

2022 年第一季度我家的水、电、燃气费			
	水费	电费	燃气费
1 月	123 元	107 元	97 元
2 月	117 元	185 元	101 元
3 月	158 元	200 元	115 元

欢欢的问题：

(1) 3 月份的水费、电费和燃气费一共多少元？

(2) 3 月的费用和 2 月的费用哪个多？多多少元？

(3) 这一季度的燃气费一共多少元？

欢欢的发现：出于疫情居家办公学习的原因，水、电、燃气的使用量比以前多了，所以 3 月份的水费、电费、燃气费都比前一个月的贵。

欢欢通过数学的眼光、数学的思维、数学的语言，发现、思考、表达了水、电、燃气费问题。视频中最后一个出现的便是晓晓的作品——"疫情期间做核酸，大家都把队来排"：一支队伍共有 150 人，10 人一组放一个试剂管，做好一组要用 3 分钟。问：做好这支队伍的检测，一共要花多少时间？

晓晓的解答过程：

> 150÷10＝15（组）
> 15×3
> ＝10×3+5×3
> ＝30+15＝45（分钟）
> 答：医生做好这支队伍的检测共需要 45 分钟。

晓晓想：我们小区的人其实很多，疫情期间，医生一直在做核酸检测，非常辛苦，我们在排队时不要分心，要一个接一个，节省时间，希望疫情早日过去。

看完数学木老师分享的第一集，同学们都等不及想看第二集了。大家纷纷通过钉钉群为善于观察的欢欢、乐乐和晓晓送出了鲜花表情和赞美语句。木老师高度评价了三位同学具有数学的眼光，小小的世界，大大的发现，并能用已学知识解决生活中的数学问题。

鼓励学生用数学眼光观察世界，用数学思维分析、解决现实问题是我们数学教师应该关注的重点之一。身边显性或隐形的数学问题很多,引导学生把生活中的问题抽象为数学问题,进一步揭示具体事物和抽象概念的联系,既加深学生对所学知识的理解,又有助于提高他们解决问题的能力,真正做到为形成学生的数学素养而教。

教师应充分利用学生已有生活经验,引导学生把所学的数学知识应用到现实中,解决身边的数学问题,体会数学在现实生活中的应用价值。疫情线上学习时,鼓励学生到生活中搜集各种情境,收集现实的数据资料,经历分析、比较、思考后,分享感想,去芜存菁。让学生不仅乐于学习,而且要建立数学与自己、与家庭、与社会、与世界的联系,在过程中培养创新思维和实践能力,形成发现问题、提出观点、理性分析、解决问题的科学思维,让学生体验成功的喜悦。

案例说明

作为学习的延伸,小学低段的作业设计应考虑学生的生活经验,注重其发展性,从课堂发展到课外,从学校发展到家庭,从学习发展到生活。本案例从学生实际出发,关注学生身心的健康成长。以学生发展为最高目标,通过设计多种具有趣味性、挑战性、开放性与多样性的特色作业,让儿童在实践中有更多的机会去体验成功的喜悦,去感受成长的乐趣,展现自己的智慧,彰显自己的个性,真正落实核心素养,提升思维品质。

14. 写字中的魔术

上海市浦东新区惠南小学　汤佳雯

每次写作业时,晓晓都按照老师所说的"态度端正,字体工整"的要求来完成,可在"书面整洁"一栏晓晓总是只获得三颗星或者四颗星,从未得到闪耀的五颗星,这成为晓晓心头的烦恼。在一次写字课上,晓晓和同学乐乐都快速地写完了生字,老师决定将晓晓和乐乐的作业一起投屏展示,让大家评一评。然而,大屏上晓晓的作业犹如一个字体怪兽,而乐乐的字却整齐划一,优美动人。

看到自己的字歪歪扭扭,晓晓的脸瞬间红成了熟透的苹果。"怎么可能,我的字怎么这么丑!"晓晓心中的问号越来越大。下课后,晓晓主动找到了老师,试图揭开这个谜底:"老师,为什么我写得那么认真,字还是不好看呢?"老师让晓晓写了"语文"两个字,指出了问题:"晓晓,你握笔和写字的姿势都不太对哦。其实这是我们班小朋友普遍存在的问题。好消息是,下节课我会专门教大家正确的握笔和写字方式哦!"听到这,晓晓心中的问号仿佛被一点点消解,期待着下一节课的改变。

"写字课"如愿以偿地来临了!晓晓已经做好了"战斗准备"。只见老师拿出了两支铅笔让同学们观察。接着,又看着晓晓说道:"我们让晓晓来用一下这两支铅笔,看看有什么不同。""铅笔还能有什么不同呢?不都是一样的笔芯吗?"怀揣着这个疑问,晓晓走向了讲台。晓晓先拿起了一支标记着"2B"的铅笔,因为平时用的铅笔和它一模一样,在写了"语文"两个字后,又拿起了标记着"HB"的铅笔,但是这次在写"语文"两个字的过程中,晓晓用了更大的劲。写完后,晓晓向同学们讲述了使用这两支笔不同的感受。老师笑了,满意地点了点头,说道:"同学们,这是一次很好的机会,让大家来选择适合自己的铅笔。我们常用的就是2B和HB铅笔,我也知道很多同学用的是2B铅笔,但最适合我们的是HB铅笔。因为HB铅笔的笔芯软硬适中,方便我们更好地控制书写力度。同学们在使用时只需适度用力,就可以把字写工整。如果有的同学在写字时感到特别费劲,那么就可以尝试使用2B铅笔。2B铅笔的芯较软,写字时轻轻用力就能写出较明显的字迹,但是同学们要注意,这样就更需要一笔一画地写,不然很容易就写得'飘飘然'了。"

随后，老师又拿出了几支不同款式的铅笔，提出了另一个问题："另外，大家觉得是圆柱形的铅笔好呢，还是棱柱式的好呢？"同学们争先恐后地回答："我觉得是圆柱的好用！因为棱柱的会硌手。""我觉得棱柱的好用！因为圆柱的会边写边转。"晓晓和乐乐提出了不一样的观点。"在选择铅笔形状时，棱柱式的铅笔更加适合我们低年级学生的手指抓握。因为同学们的手指协调能力还不够发达，使用棱柱式的铅笔可以更好地帮助大家握紧铅笔。有的同学就是因为使用了圆柱形的铅笔，写字的时候会不自觉地转笔，导致笔触不稳。所以如果要提高书写的准确性和稳定性，以后就可以选择使用棱柱式的铅笔啦。"认真听完老师说的原因，晓晓回想起了自己写作业时的情景，确实经常在转笔，导致有的笔画写出来就变得弯弯曲曲。

"除了要选择合适的铅笔，我们握笔的位置也很有讲究。有谁知道我们的笔要握在什么位置吗？"老师拿起一支铅笔来向学生演示道。"要握在离笔尖一寸的位置！"晓晓第一个抢答。"晓晓说得没错！我们写字时要做到'一拳一尺和一寸'，其中手指尖要离纸面一寸，一寸约为3厘米。请同学们找准位置，试着握一握吧！"同学们纷纷拿起铅笔来尝试。"可是我写着写着手就往下滑了。""我也是，所以每次手指都要贴着纸面了。怎么办呀？"在天天和豆豆的窃窃私语中，老师露出了微笑："手指往下滑是正常现象。那么有什么办法来保持这个位置呢？""可以用握笔器来固定这个位置。""可以在这里做个标记。""还可以隔5分钟就提醒自己一次。"不同的小朋友给出了不同的答案。老师在听到大家的答案后给出欣慰的回复："握笔器和标记都是可以的。但是隔5分钟提醒一下自己就会分散大家的注意力，所以尽量就按前两种方式来做。"在老师的提醒下，同学们用尺子比出3厘米的距离，给铅笔做了标记，这样手指就不会往下滑了。

"在学会如何选择合适的铅笔以及知道如何保持手指位置后，我们现在来练习写字吧。"老师在同学们恍然大悟后提出了新的挑战，"做广播体操前我们需要热热身，写字是不是也需要呢？""是！"同学们给出了斩钉截铁的回答。"那现在同学们跟着我一起做手指操吧！"

    天亮了，大拇指起床了，

    食指起床了，中拇指起床了，无名指起床了，小拇指起床了。

    头儿扭扭碰碰碰，脖子扭扭碰碰碰，腰儿扭扭碰碰碰，

    屁股扭扭碰碰碰，小脚扭扭碰碰碰。

    大家来做扭扭操，做个健康好宝宝。

同学们一边念着歌谣，一边有节奏地做了"手指热身操"，每一根手指都灵活地摆动了起来。随即老师宣布开启"写字"的第一步——握笔。同学们立刻找准位置，握紧了铅笔。这时，老师却说："握笔姿势对不对是决定字写得好不好的关键，老师在'巡逻'的时候看到同学们的握笔姿势各有特色，有的是'大拇指抱笔型'，有的是'食指压笔杆型'，还有的是'四指抓笔型'，大家来看看大屏幕，哪种方法是你的握笔姿势呢？其实，这些姿势都是不正确的。请同学们跟我一起边唱儿歌边握笔，学一学怎么正确握笔吧！"

　　老大老二对齐捏，
　　老三再下来帮忙，
　　老四老五往里卷，
　　笔杆离开虎口处，
　　拳心要空腕有力。

晓晓悄悄地和乐乐说："我们可以给每一根手指起个名字，分别是老大、老二、老三、老四、老五，再把名字写在手指上，就能分清啦！"老师听到了这句"悄悄话"后，鼓励同学们也可以按照晓晓的方式来学习握笔，还邀请晓晓站在讲台上来领唱《握笔歌》。同学们越唱越整齐，越唱越响亮，甚至把歌谣背了下来，握笔姿势也越来越熟练。老师对晓晓竖起了大拇指，说道："晓晓在我们班中是第一个学会握笔的，现在看一看晓晓的进步吧！"这次，晓晓写的"语文"两个字力度适中、十分漂亮。老师又拿来了晓晓之前的作业，和这次写的字一起对比。"哇！"同学们惊讶极了，给晓晓鼓起掌来。原来正确握笔对写好字有这么重要呀！就像是仙女教母变了一场魔术，给"灰姑娘"穿上了"水晶鞋"。

从那节课开始，班里的同学们都开始格外重视握笔时的状态。当晓晓疏忽时，乐乐就会在旁边说道："晓晓！你的手指握得太低了，要注意！"当乐乐开始不自觉转笔时，晓晓就会提醒道："铅笔又开始转圈圈喽。"在同学们的互相督促下，每个人都掌握了正确的握笔方式。在最近一次写字课上，老师又把晓晓和乐乐的作业放在大屏幕上展示。这次，两人的作业不分伯仲，都很工整漂亮。老师表扬晓晓："晓晓的进步非常明显，现在的字横平竖直、笔画到位、大小适中，大家都要向晓晓学习哦！"而晓晓也得到了梦寐以求的"书面整洁五颗星"，脸上笑盈盈的，心里像吃了蜜一样甜。

案例说明

这个案例,使用童谣作为学习握笔姿势的支持工具,能够有效激发学生的学习兴趣和主动参与度。童谣是孩子们熟悉的形式,将学习内容和童谣相结合,可以让学习变得更加有趣和生动。同时,通过帮助学生在铅笔上做标记的方式来引导学生掌握正确的握笔姿势也很有效,标记可以提供视觉参考,让学生更加清晰地了解应该如何握住铅笔,这种实践性的辅助方法可以帮助学生将概念转化为实际操作,并且在实践过程中不断调整和改进。

15. 优优的作业之旅

上海市浦东新区汇贤幼儿园　张　叶

在一个阳光明媚的早晨，幼儿园的大班里热闹非凡。小朋友们正在忙着玩玩具、画画，每个人都有自己喜欢的事情做。而在这群小朋友中，有一个特别活泼的孩子，他叫优优。优优有一双大大的眼睛，脸上总是带着灿烂的笑容，他对绘画有着浓厚的兴趣，每次美术课都兴奋得不得了。

这天，老师发给每个孩子一张白纸和一盒水彩笔，让大家画户外自主游戏时的场景。优优迫不及待地打开水彩笔盒，拿出一支红色的笔，开始在纸上涂涂画画。可是画了一会儿，他感觉手有点酸，握笔的手也有点抖。他停下来甩了甩手，试图调整一下姿势，但仍然感觉不太对劲。

这时老师发现了这一情况，走过来关切地问："优优，你怎么了？"优优有些困惑地说："老师，我感觉手臂很不舒服，握笔也有点费劲。"老师轻轻地扶着优优的手，温和地说："来，我们先调整一下握笔姿势。"在老师的指导下，优优慢慢地调整了自己的握笔姿势，手臂也感觉轻松了许多，老师还提醒他适时休息一下，以免过度疲劳。

从那以后，老师特别关注优优的握笔姿势。每当优优画画时，老师都会在一旁观察，及时纠正他的错误姿势。老师还鼓励优优多进行一些手部肌肉的锻炼，比如捏捏橡皮泥、玩玩手指游戏等，来增强手部肌肉的力量。

在接下来的自由活动时间里，孩子们尽情玩耍。突然，优优惊呼一声："哎呀，我的美术工具盒去哪了？"他焦急地四处张望，却找不到那个心爱的工具盒。旁边的天天听到后，走过来安慰他："别着急，我们一起帮你找吧。"

经过一番寻找，终于在教室的一个角落里找到了工具盒。原来，优优画画时把工具盒放在了那里，后来忘记了，他感激地对天天说："谢谢你，天天！"天天笑着说："不用谢，我们是好朋友嘛！"

通过这几次观察，老师还发现优优平时绘画时，指间握笔的力度过大，导致手部肌肉紧张并容易疲劳。这种不良的握笔姿势限制了他手部的灵活性，并且可能导致绘画作品效果不佳。在日常学习中，作业是学习强化的有力基石。然而，优优在作业习惯上存在一些问题,比如坐姿不端正、握笔姿势不正确、学习用品管理不规范等,不仅影响了他的学习效率,还妨碍了他综合能力的养成。

老师发现,孩子们在写字时总是坐姿不正确,握笔也不准确,仅靠传统的提醒,并不能从根本上解决问题。因此,老师决定改变方向,尝试新的方法,汲取有效的策略和引入一些有趣的活动,吸引孩子们对正确写字坐姿和握笔姿势的关注。

又是一节美术教学活动上,老师笑盈盈地说:"今天我们要学习绘画啦!首先,大家都要像小画家一样,学会正确的坐姿和握笔姿势哦!"老师优雅地坐在前面,姿势端正地握着水彩笔。

优优眼巴巴地看着,小心翼翼地模仿着老师的动作。初时,优优有些灰心地对老师说:"老师,我好像做得不太好。"老师温柔地笑笑:"没关系的,每个小画家的成功都需要一点点时间的。熟能生巧嘛!再多练习几次,你就会变得更棒!"老师的鼓励如温暖的阳光,照亮了优优的心房。

在老师的指导下,优优不断地练习,用心去描绘每一笔。终于,优优掌握了正确的坐姿以及握笔姿势,笑容在他的脸上绽放开来。

在老师的耐心引导下,优优的握笔姿势问题终于解决了。可是新的问题又来了。老师发现优优在整理学习用品方面存在一些问题。每次画画结束后,他的画笔总是乱七八糟地散落在桌子上,水彩笔盒也经常忘记盖上,不仅会影响画面的整洁,还容易造成学习用品的损坏。

于是老师决定引导优优养成整理学习用品的好习惯。有一天课后自由活动时间,老师神秘地对优优说:"你知道吗?学习用品也有自己的家,它们也需要回到温暖的家休息哦!"优优好奇地问:"真的吗?那我的画笔的家在哪里呢?"老师笑着说:"画笔的家在那个小小的笔筒里,还有水彩笔盒也是它们的家。"说着,老师拿出一个漂亮的笔筒和一个小巧的水彩笔盒展示给优优看。

在把水彩笔归位后,老师又和优优一起整理起桌面上的画笔以及学习用品。老师一边整理一边说:"你看,我们把画笔按照大小排列整齐地放进笔筒里,就像小朋友排队一样。水彩笔盒也要轻轻地盖好,这样它们就能安心地在家休息了。"

整理完后,老师又拿出一张小贴纸,上面画着一座漂亮的小房子,还有几只小动物。老师说:"这是学习用品的小屋,我们把整理好的学习用品放在这里,就像小动物回到自己的家一样。"说完,老师把贴纸贴在桌子上。

从那天起,每次画画后,优优都会主动整理学习用品,并把它们放回"家"中,甚至他还和小朋友们比赛谁整理得最整齐、最快呢！

除了握笔姿势，课堂上归类整理学习用品也是很重要的，教师给幼儿们展示水彩笔和蜡笔，并解释它们的用途和特点。幼儿们会发现水彩笔是用来涂鸦和绘画的，而蜡笔则是用来填色和绘制颜色鲜艳的图画的。可以准备两个标明"水彩笔"和"蜡笔"的容器，引导幼儿们将工具放入对应的容器中。

设计一个有吸引力的学习区域，通过使用色彩丰富的装饰物、壁画或悬挂的学习海报来激发幼儿的兴趣。同时，为学习用品提供合适的容器或储存空间，帮助幼儿学会整理和管理自己的学习工具。也可以通过有趣的互动游戏和活动，如模仿画画、图画填色等，帮助幼儿巩固正确的坐姿、握笔姿势和使用学习用品的习惯。这样的活动可以增加孩子们的兴趣和参与度，并潜移默化地培养他们的良好习惯。通过模仿画画游戏，让幼儿在轻松愉快的氛围中学习正确的姿势。提供给幼儿简单的图画，并鼓励他们用彩色铅笔或画笔进行填色。在填色过程中，提醒幼儿保持正确的握笔姿势和坐姿，不仅可以让幼儿掌握作业技巧，还能激发他们的创造力。

这次活动起源于幼儿本身，但是同时也体现出教师的示范与指导在幼儿学习过程中的重要性。有的教师即使认识到正确姿势的重要性，但他们可能出于时间限制、班级规模大、个别幼儿需要特殊关注等原因，未能及时纠正幼儿错误的姿势或习惯，从而导致幼儿形成不正确的学习习惯，并难以改正。

幼儿缺乏对学习用品的了解和认知，不了解它们的用途和价值。他们可能认为学习用品只是一种工具，而忽略了正确使用学习用品对学习效果的积极影响。因此教师应通过深刻的认知引导，使幼儿意识到使用正确的学习用品可以提高学习效果。例如，使用合适的笔、纸张和其他文具，可以帮助他们提升字迹的清晰度和整洁度等。

家庭和学校之间理应建立起良好的沟通渠道，如果家长能够及时了解幼儿在学校中的学习情况、作业要求以及存在的问题，那么家长就会提供更有效、准确的支持和指导，从而有利于幼儿在家庭学习中形成良好的作业习惯。如果幼儿家长能够与学校形成有效的配合机制，就能使家庭的支持和指导实现最优化。假设学校采取了特定的教育措施或者建议家长在家中开展特定的辅导活动，但家长由于沟通不畅或缺乏理解而未能有效地配合，就不利于幼儿在家庭环境中形成良好的作业习惯。

案例说明

正确的坐姿、握笔姿势和及时收纳、整理学习用品,这些良好的作业习惯,为优优今后的小学学习之路打下了坚实的基础。本案例通过教师的示范引导、工具和设备的安置、舒适学习环境的创建以及互动游戏和活动的组织,让幼儿在积极、愉快的氛围中学习并巩固这些技能。然而,在此过程中,老师还需要提高反馈的质量和及时性,以便更好地纠正幼儿的错误并鼓励他们继续努力。此外,还需要根据幼儿的个体差异和发展水平,对教学方法进行个性化调整,因材施教,以确保每个幼儿得到合适的指导。

16. 上课会分心的优优

上海市浦东新区中市街幼儿园　陈舒凝

在今天的教学活动"狗熊分饼"中,优优的目光突然被科学角的小灯所吸引,小眼睛盯紧一闪一闪的小灯。老师点了点课件上的圆饼问:"优优,你觉得这个圆饼应该怎么分?"优优的目光被扑闪的小灯抓得牢牢的,一时都没听到老师的提问,旁边的同伴连忙凑到优优耳朵边对她说:"老师正在问你呢!"优优连忙转头看着屏幕上的圆饼,由于没有听到老师的提问,她的小脸上满是疑惑。老师又把刚刚的问题说了一遍,优优仔细思索了一会儿:"老师我知道了。"老师请她上来用手指在电脑屏幕上"分"一下饼,通过色彩丰富的卡通课件以及有趣的动画"抓回"了优优的注意力,让她暂时游离的思绪回到我们的课堂上。

中午,管理班级的两位老师说起优优上课注意力被分散的事情,她们觉得优优这样比较活跃并且具有好奇心的小朋友就是容易注意力不集中。两位老师上周带小朋友们去户外拣树叶,活泼的优优对于这样的探索活动感到十分新奇,在小树林里这边看一看,那边摸一摸。没过多久,优优就拣了满满一袋"战利品",里面有各种不同的树叶,还有小石头、小草、小昆虫、小果子,等等。回到教室进行学习活动时,优优就忍不住在课上掏出自己藏在口袋中的小石头开始把玩。与今天教学活动时的行为如出一辙。

优优对周围环境的好奇心或者自我调节能力不足导致学习活动中注意力容易分散。在学习过程中,她可能会被教室中的其他事物所吸引,或者自己产生一些分散注意力的想法,从而影响她的学习效果。同时,她在学习中缺乏自律,例如在回答问题时不会先举手,而是直接插话,没有完全理解学习的规则或者缺乏自我控制的意识。在这种情况下,教师需要帮助她建立正确的学习行为习惯。

首先,养成良好的学习习惯需要家园共育。家长可以通过陪伴幼儿开展一些活动,如拼图、做手工等,来锻炼孩子的注意力与毅力。创造良好的生活环境和家庭氛围,降低外界环境对幼儿的干扰,如关闭电视、手机等设备,避免嘈杂的环境,让幼儿在安静、整洁的环境中学习。同时,根据幼儿的兴趣进行注意力训练,引导他们集中注意力做感兴趣的事情。

对于优优自律性差的问题,父母要树立榜样,让幼儿在家庭中看到自律的体现,从而培养自律意识。在教育的过程中,要注意方式方法,不要采取暴力、惩罚等不良手段,这样反而会让幼儿产生逆反心理。应该用引导、鼓励的方式,帮助幼儿建立自律的意识。教师与父母可以与幼儿一起制定明确的规则和目标,让她知道什么该做,什么不该做,以及做到什么程度。同时,让幼儿参与到规则和目标的制定过程中,这有助于培养自律意识。

其次,教师与家长要根据优优的性格特点和兴趣爱好,提供适合的学习资源和支持,如教材、参考书、学习工具等。同时,可以提供适当的学习辅导,帮助她改进学习方法,提高学习效率。引导优优养成良好的学习习惯,如定时复习、做笔记、阅读等。了解优优的兴趣和内在需求,通过引导、鼓励、表扬等方式,激发她的学习兴趣和内在动力,让她从内心愿意学习,从而发挥潜力,取得更好的学习效果。

由于优优缺乏良好的学习习惯,经常在学习时分心,容易拖延,没有形成有规律的学习节奏。为了改善这个情况,家长和老师应采取以下解决措施:

1. 激发学习兴趣和内在动力:采用故事式的教学方法,将知识与有趣的故事情节相结合,让优优的学习变得更加丰富多彩。

2. 提供适合的学习资源和支持:为优优购买适合的绘本和学习玩具,如数学拼图、学习机等,让学习在做做玩玩中进行。

3. 鼓励和表扬优优学习方面的进步:家长和老师都要关注优优的进步,并及时给予适当的鼓励和表扬。这能使优优感受到自己的努力得到了认可,增强自信心和学习动力。

4. 引导优优制订目标和计划:家长要与孩子一起制订具体的学习目标和计划,如每天定时完成一定量的学习任务。通过这些目标和计划,让优优逐渐形成良好的学习习惯和有规律的学习节奏。

为了帮助优优从大班顺利过渡到小学生活,教师与家长可以一起制定一份学习任务表,明确规则与目标,优优需要在规定的时间内完成学习任务:

1. 阅读:每天阅读一本绘本,理解其中的故事情节,并能够简单地复述主要内容。

2. 算术:每天完成20道简单的数学题目,如加减法。

3. 手工制作:每周完成一个简单的手工制作项目,锻炼动手能力和创造力,独立完成并分享制作过程。

知识就是力量,小学学习的成果以知识的汲取程度、运用情况检验,只有养成良好的学习习惯才能收获良好的学习成果。有计划的学习任务能够帮助优优形成学习规律,为她进入小学学习打下良好的基础。

案例说明

幼升小是幼儿成长过程中的一个重要转折点。在这个转折点上,幼儿需要适应新的学习环境和规则,顺利过渡到小学阶段。但是,这个过程也面临着许多挑战和问题。本案例通过优优学习习惯的培养,看到幼小衔接对于幼儿的发展和成长具有重要的意义。在衔接过程中,需要关注幼儿学习习惯的养成。家长和教师也要提供适当的支持和帮助,引导幼儿逐渐适应新的环境和规则。

第五部分　思维习惯

17. 第一次英语故事表演

上海市浦东新区福山唐城外国语小学 韩玲婕

一年级的晓晓很期待上英语课,因为今天老师要讲 The boy and the wolf(《狼来了》)的故事。这个故事晓晓以前听过,但没有读过英文版的。课上老师播放了一段动画片场景,有个人对着话筒在讲故事,晓晓被他的声音所吸引,知道那个人是 narrator。大家都听得入神。

听到狼的叫声时,小朋友们都很兴奋,有一个小朋友抢先说了出来:"The wolf is coming!"大家纷纷模仿狼的叫声。老师请小朋友们尝试模仿狼,进行角色扮演。老师先请了乐乐,乐乐声音响亮,语言流利,老师表扬她朗读很棒。接着老师提问:"How is the wolf in the story?"有个小朋友回答:"Bad."老师说:"Yes. What else? What does the wolf want to do?"又有小朋友回答:"Eat the sheep."老师说:"Good. The wolf wants to eat the sheep. So how is the wolf?"此时反应迅速的小朋友举手说:"Hungry!"于是老师要求小朋友们再次尝试扮演狼,可以加上动作。这回晓晓很想尝试,把手举得高高的。果然,老师让晓晓上台扮演狼,晓晓将声音放低些,做出要抓羊的姿势。老师对晓晓的表演大加赞赏。

讲到故事结尾时,老师用问题链引导学生思考。How is the boy? Do you like the boy? Why? 让小朋友们畅所欲言。问题连续抛出来,课堂里安静了几秒钟,不一会儿就陆续有小朋友举手了。欢欢回答说:"He is bad."天天回答说:"He is naughty."老师立刻表扬欢欢和天天能够运用课上刚学过的词汇进行回答。大家都不喜欢这个男孩,但是为什么呢?要怎么表达呢?老师鼓励大家继续深入思考。晓晓也在认真思考,大脑飞速运转,从记忆库里迅速搜索合适的词,进行语言整合。晓晓想到啦,他高高举起手说:"He tell(s) a lie."老师欣喜说道:"Super! Because he tells a lie."虽然小朋友们的语言表达能力有限,但不代表他们没有思考能力。

之后老师要求小朋友们自由组合,合作完成故事表演。在分组表演前老师与小朋友们共同商定评价量规,即评价维度和等级标准。从哪些方面可判别表演优劣?做到什么程度可以认为是优秀、良好、合格或需努力?小朋友们纷纷举手,有的说要声音响亮,有的说不能说错、不能顺序颠倒,有的说表演要有动作……老师将小朋友们提到的维度写在黑板上并与小朋友们一起总结评价标准,也就是学习任务的目标和要求。

小朋友们课后自由找寻小伙伴进行组合。晓晓联系了好朋友乐乐、欢欢、天天和豆豆,组成小组,好朋友们推选晓晓做组长,各人选择喜欢的角色,然后练习排练。

第二天课上,每组表演前老师都会提醒小朋友们,在评价别组表演的时候需要注意量规中的要求。等小组表演结束后,老师让小组成员根据自身表演情况进行自评,小组成员说一说本组做得比较好的地方和不足的地方。其他小朋友和老师根据该小组表演情况进行互评和师评。(见表1)

表1 一年级英语课本剧表演评价量规

评价指标	1BM4U3 The boy and the wolf				学生评价		教师评价
^	评价等级标准				自评	互评	^
^	优秀[9—10]	良好[7—8]	合格[6]	须努力[0—5]	^	^	^
音量	小组成员表演时都能声音响亮	小组成员表演时部分成员声音响亮	小组成员表演时声音基本响亮	小组成员表演时声音较轻,部分台词无法听清	10	10	9
语音	小组成员表演时发音标准,有良好语音语调	小组成员表演时部分成员发音标准,语音语调较好	小组成员表演时发音部分有误,语音语调较弱	小组成员表演时发音错误较多,语音语调较弱	7	8	7
表达	小组成员表演时语言表达正确且流利	小组成员表演时语言表达正确,但不够流利	小组成员表演时语言表达基本正确,有部分小错误,语言基本流利	小组成员表演时语言表达小错误较多,流利程度不够	7	7	6

续表

1BM4U3 The boy and the wolf							
评价指标	评价等级标准				学生评价		教师评价
^	优秀【9—10】	良好【7—8】	合格【6】	须努力【0—5】	自评	互评	^
表现力	小组成员表演时有丰富的肢体或动作或脸部表情，能够准确表现人物心理特征	小组成员表演时有肢体动作或脸部表情，部分成员能够表现出人物心理特征	小组成员表演时肢体动作或脸部表情较少，人物心理特征表现不够明显	小组成员表演时几乎没有肢体动作或脸部表情，人物心理特征表现不够明显	8	7	8
附加项【1,2】	小组表演有服装道具【2】	小组表演有服装或道具【1】					
总评和评语	有改编、有加入自己语言，语音语调优秀，表达基本流畅。有动作、有表现力，故事衔接上需要加强						

大部分小组基本能完整表演；不足之处是声音太轻，需要更响亮，台词还不熟练等。晓晓这组的小伙伴们第一次尝试表演，大家都很紧张，也出现了同样的情况。然后，老师要求小组再次讨论，通过本次小组故事表演，自己学习到了什么以及下次表演时哪些方面可以改进，并将讨论结果写下来。同时，老师提醒小朋友们可以参考制定的量规中的评价维度和要求。于是，小朋友们再次展开热烈讨论，并记录下完成任务后的反思。（见图1—6）

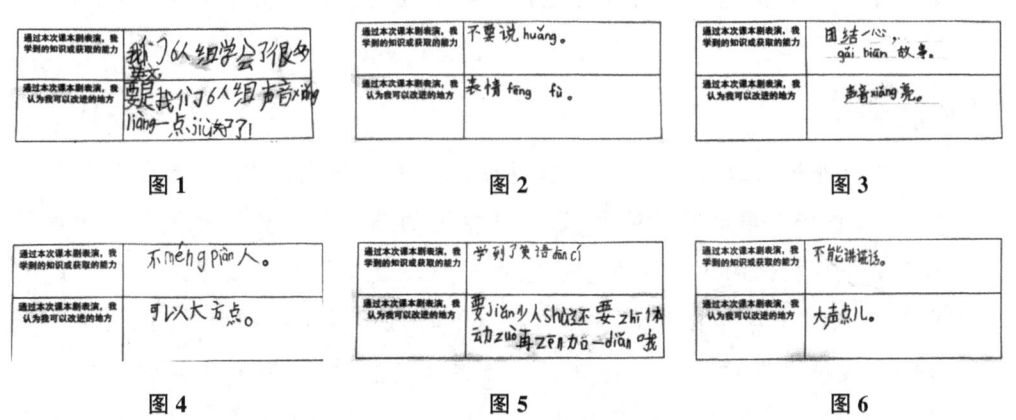

图1　　　　　　图2　　　　　　图3

图4　　　　　　图5　　　　　　图6

本案例中的故事表演作为过程体验式学习的一种，不只是安排在一个课时中，而是贯穿于一整个单元的教学。新课标中明确课程要培养学生的核心素养。

思维品质列入核心素养，它是指人的思维个性特征，反映学生在理解、分析、比较、推断、批判、评价、创造等方面的层次和水平。本案例中通过体验式学习尝试促进学生思维品质的提升。

对于刚入学的一年级学生，思维习惯的培养需要渗透在教学多处环节中。教师在讲故事时首先通过听觉感受引起学生关注，接着通过多模态资源以及问题引导，让学生进一步感受狼这一不常见动物的特点。当学生没有表演出狼的特点时，教师及时调整，抓住文本，针对狼在故事中的形象特点再次提问，引导学生不断思考，再用角色扮演的形式让学生对角色有深刻体验。学生对模仿动物很感兴趣，尤其是通过改变声音模仿狼说话的样子和叫声，增加了课堂参与度。

教师在带领学生分析故事人物特点时，采用开放性问题的方式，引导学生积极动脑，勇于表述自己的想法。比较故事中人物心理变化，推断故事结尾，评判故事中小男孩的行为，得出不说谎话、要诚实做人的道理，让学生对整个故事有清晰的理解。虽然低年级的学生还不会表达完整的句子，但可以利用简单的几个词或一句话让他们的思维得到锻炼。在课堂中教师需要营造良好的思考氛围，尊重学生个体，允许学生提出不同观点。同时教师要有耐心，多问几个为什么，让学生的思维得到拓展，多停留几秒钟，促使学生积极思考，表达不同的观点，让学生逐渐爱动脑筋、喜欢思考。

师生共同制定量规有助力学生更清晰地了解自己的学习目标。一年级学生缺少自我反思的能力，对反思的意义也很难理解，仍然需要教师引导。因此先让学生说说自身实践体验后的感受，为学生打开思路，再让他们记录下来。同时教师提醒学生利用量规，也有利于学生之后学习活动的自我调整。

案例说明

在幼小衔接过程中，教师要重视幼儿的身心发展规律，要善于结合学生实际，注重培养学生通过观察、思考来学习的能力。要善于通过提出高水平和具有挑战性的问题来激发学生主动思考。鼓励学生拓展思维和看问题的视角，逐步培养学生的思维习惯。不要低估低年级学生的智慧，他们年龄小但不代表没有思考能力。老师可以给学生多些时间，鼓励学生尝试挑战自我，提高高阶思维技能、提升解决问题的能力。课堂中多设计些体验实践类活动，既要关注到班级差异，也要关注个体差异，并注意有针对性地调整，让每个学生都能从体验学习中获得乐趣。

18. 乐学、善思的"晓"伙伴们

上海市实验学校东校　康逸红

2022年9月1日，一个阳光明媚的早晨，晓晓和他幼儿园的好伙伴乐乐、天天、欢欢、萌萌一起，将要迎来小学阶段的第一堂数学课了。小伙伴们既感到好奇与兴奋，又有几分担心与困惑。

"终于可以进学校读书啦，我可聪明啦，数学是我的强项！"晓晓说。

"因为疫情，我幼儿园大班基本没怎么读，能学好数学吗？"乐乐有些担忧。

"居家的日子挺舒服的，我想干什么就干什么，奶奶可管不了我，数学学习也没啥基础，我能适应吗？"天天听了乐乐的话，也有一些害怕。

"爸爸妈妈在家里教过我一些数学知识的，但是学到什么程度可不知道，我好担心哦！"萌萌也紧张起来。

"数学学习很难吗？老师会不会很凶啊？"欢欢也跟着说。

……

"小朋友们好！"只见笑容满面、和蔼可亲的数学老师走进了教室。"从今天开始，我要带着大家，一起开启一段数学学习之旅，走进充满乐趣的数学世界了。大家愿意吗？""愿意！"小伙伴们大声地回答。数学老师示意大家安静下来，接着说："数学学科作为一门基础性学科，贯穿于我们的日常生活中，无处不在。数学知识只是一个载体，通过数学课，我们不仅要掌握数学知识，更要掌握数学的思想方法，养成良好的思维习惯。"

数学老师是这么说的，也是带着小伙伴们这么做的。

有序思考是化繁为简、提高效率最有效的方法。从第一节数学课起，数学老师就有意识地培养小伙伴们这一良好的数学学习习惯。"谁来介绍一下即将和我们一起学习数学的小伙伴呢？注意不遗漏不重复哦！"

"我来介绍：最上面的是小丁丁，下来是小巧，接着是小亚，再下面是小胖，最后是欢欢和乐乐。"乐乐说。

"我是从下往上来认识他们的，欢欢和乐乐、小胖、小亚、小巧、小丁丁。"天天说。

小伙伴们跟着画面上的顺序认识新伙伴的过程中，或从上往下，或从下往上，讲得津津有味，头头是道。

紧接着，从一年级上册的 10 以内的数、10 以内数的加减法、20 以内的数及其加减法、分彩色图形片，到 100 以内数的认识、100 以内数的加减法、几何小实践等，数学老师都引导小伙伴们在动手摆圆片认识数、书写数字、开展计算和认识图形、辨别方位等过程中，用上"上、中、下、左、右"这些词，有意识地让小伙伴们认识到：比起随意地学习，按照一定的顺序学习不仅效率高了，而且准确率高，还能得到不一样的数学学习的感受。

在培养有序思考的过程中，数学老师一般会先提示一些有序思考的方法。例如：你可以从左往右看，或者从右往左看，可以从上往下看，可以从小往大数或者从大往小数，或者从中间到两边等。之后，她会让小伙伴们养成标序号的习惯，让有序思考的意识落到笔头。她还会树立榜样典型，让做得较好的小朋友分享经验，交流方法。久而久之，在这样的学习过程中，大家学会了如何有条理地思考问题，先怎样，再怎样，从简单到复杂，逐步深入，有序思维的习惯得以强化，日常生活中也慢慢地学会了用数学的眼光观察现实世界，用数学的思维思考现实世界，用数学的语言表达现实世界。

类比转化也是学好数学的一项有效工具。数学老师告诉小伙伴们："数学的所有知识都是循序渐进的，通过类比分析，可以把未知的知识转化成已经学过的知识，就是人们通常所说的知识的迁移。就拿数的认识来说吧：从一年级上册 10 以内数的认识、20 以内数的认识，到下册 100 以内数的认识，到二年级万以内数的认识，再到四年级大数的认识，这里的学习方法以及知识结构都是一样的，都是要数、读、写、比大小、计算、应用。"

为了培养小伙伴们养成类比转化的思维习惯，数学老师通常会指导大家智慧地进行预习，结合融入数学知识学习的主题活动，来引导大家不要只盯着眼前所学，要找到前后知识间的联系，想明白理清楚了，再尝试着解决问题。这样一来，小伙伴们学会了运用类比的方法，将抽象的数学概念与生活中的实际问题相结合，使数学变得生动有趣。同时，慢慢地学会了在学习新本领之前先温习旧知识，找到与原来学过的知识紧密联系的内容，继而顺利地、巧妙地解决新的问题，学习数学变得更加轻松、愉快了。

分类整理的思维习惯的培养是可以与有序思考有机整合的。当小伙伴们面对多种情况时，让思路有序的最简单方法就是分类整理。记得小伙伴们在学习《分彩色图形片》时，数学老师把一堆彩色图形片摆在大家面前："孩子们，请大家进行分类，并说说你是怎么分的。"通过激烈的讨论和交流，小伙伴们发现：只有准确地分类整理，才能有序地思考。

"我是按颜色分的,分了四类,红、黄、蓝、绿。"

"我是按形状来分的,分成三角形、正方形和圆形三种。"

"我跟你们都不一样,我是按大小来分,可以分成两种。"

……

分类整理后,小伙伴们的思路越来越清晰了,并在后续的数学学习中,逐渐养成了分类整理的习惯,还能将学到的知识点进行归纳总结,便于记忆和复习呢。

图 1

在一(上)的学习中,数学老师经常布置小伙伴们回到家中,开展分类整理的活动。到了一(下),数学老师在每个单元学习后,还让大家尝试着进行知识的分类整理,这样做的好处是,一方面来巩固了分类整理的思维习惯,另一方面引导大家分类整理出一个单元的知识点,全面复习和掌握了所学知识,可谓一举两得。

图 2

数学学习的过程是一个推理的过程,观察推理也是一种需要培养的良好思维习惯。观察推理是从特殊到特殊的推理方法,依据两类事物的相似性,用一类事物的性质去推测另一类事物也具有该性质。如一(上)《推算》一课的教学中,数学老师引导小伙伴们通过数据观察对比,发现规律,根据规律进行预测、分析,推理解决问题:

$$5 + 2 = \quad 13 - 2 =$$
$$5 + 3 = \quad 13 - 3 =$$
$$5 + 4 = \quad 13 - 4 =$$

图 3

再如一(下)《数与代数》领域的观察推理思维习惯的培养:两位数加整十数(两位数加一位数推理到两位数加整十数),数学老师大胆放手,让小伙伴们通过观察推理,获得成功的体验。这样的实践,均有事半功倍的效果:大家自主探索了新知,观察细节,总结规律;合作学习中激发了思维,解决了问题;不断体验并构建了网络,梳理了知识。

经过近一年时间的数学学习,小伙伴们逐渐养成了良好的数学思维习惯:课前认真预习,尝试质疑;课上积极发言,善于提问;课后主动复习,巩固所学,都能把有序思考、类比转化、分类整理、观察推理融入其中。在一次次的数学作业、数学趣味竞赛和各类数学主题活动中,大家凭借自己的努力和智慧,获得了丰硕的成果,个个被评为"数学之星"的称号。更厉害的是,在日常生活中,小伙伴们还用学过的数学思考方式,解决了不少问题呢。

为了帮助小伙伴们顺利度过适应期,养成乐学、善思的好习惯,数学老师做了许多的尝试和努力:培养兴趣——让大家了解到数学在日常生活中的应用,如购物、计算时间等,从而激发对数学的兴趣;创设情境——通过生活化、趣味化的学习情境,让大家在轻松愉快的氛围中学习数学;提问引导——鼓励大家大胆质疑,多提问题,思考问题,培养探究精神;同时,还引导合作学习——让大家一起学习,互相帮助,共同进步。

总之,通过一年的数学学习,小伙伴们学习数学的兴趣更浓了,大家逐渐养成了乐学、善思的好习惯,为今后的学习和生活打下了坚实的基础,对接下来的数学学习充满自信。

案例说明

对低年级学生进行思维训练,要有具体的场景和任务,避免抽象。因为这个时期的小朋友处在具身思维阶段,他们的思维活动往往与自己参与的活动联系在一起,有时候需要做做动作,有时候需要数一数。本案例充分考虑到学生的思维特征,设计了学生生活中可能会遇到的场景,采用了有序思考、类比转化、分类整理等具体可行的方法,开展数学思维启蒙,很有成效。

19. 探索沙漏的秘密

上海市浦东新区浦南幼儿园　杨　燕

优优今天带了一个粉色的沙漏来，一进教室，她就兴奋地向朋友们介绍："你们看，这是我的新玩具，沙漏。沙漏有很多不同的形状、不同的颜色，这是我最喜欢的粉红色。"她的好朋友欢欢马上说："我知道我知道，我在饭店看到过这个，上次去吃饭，服务员阿姨就在桌上摆了一个，还说，在它漏完之前，菜就能全部上来了。"

这一下，所有孩子都围了过来，七嘴八舌说开了。老师也顺势凑了上去，想听听他们在说什么。天天问："欢欢，你看到的沙漏跟这个一样吗？"豆豆将脑袋凑过去："什么神奇东西？快给我看看！"突然有一个声音小声地从旁边传来："这沙子那么少，一会就漏光了，菜真的都能上来吗？"……孩子们争先恐后地想看看优优带来的沙漏，他们不断地将沙漏瓶倒来倒去，摆弄、摇晃。

老师发现，原来孩子们对沙漏的构造，沙漏是否真的能够用来计时以及沙漏里面装的材料很感兴趣，所以老师就想，不妨就从幼儿对沙漏产生的兴趣出发，让他们自己去探索一下吧。于是，老师收集了一些不同的沙漏放在班级里的各个角落让孩子们自己先去观察和研究。

几天之后，老师组织孩子们进行了一次谈话活动，让大家根据这几天的观察，说说发现了沙漏哪些秘密，或者聊聊自己的疑惑。

优优："沙漏大小不一样，它们漏掉的时间就不一样，大的要漏很久，小的一下子就没了。"

乐乐："我仔细看了看，好像不同的沙漏里，沙子也不一样。除了沙子还能不能装其他东西？"

豆豆："我不明白为什么有的沙漏代表1分钟，有的可以代表2分钟。"

通过这些谈话，老师发现幼儿的关注点从沙漏的外观转移到沙漏的特性了。作为教育的支持者，老师应该提供各种途径和方式让幼儿进一步了解沙漏的秘密，体会沙漏在生活中的运用。因此，老师请孩子们邀请爸爸妈妈一起做了亲子调查,了解沙漏的来历和演变过程;又通过互相分享,用思维导图的方式记录了沙漏在生活中的运用;还利用了沙漏的计时功能,进行了一场叠衣服比赛。直到有一天优优说:"沙漏本领那么大,我也好想自己动手做一个属于我自己的沙漏呀!"这句话一下给了老师很大的启发。是啊!为什么不呢?于是,她寻找了一些身边的废旧材料和常见的物品,改造成自制沙漏的材料,观察孩子是否能够根据之前自己对沙漏的了解成功地利用废旧材料制作沙漏,以及能否在制作过程中发现更多沙漏的秘密。

投放材料后,孩子们都想去试试看。第一个进去尝试的就是优优,她迫不及待地拿起两个果冻盒子,将大半杯小米分别倒进去,并沿着果冻盒子画了两个圆纸片,在老师的帮助下用圆纸片将盒子封住,最后将两个盒子连接成沙漏。但是她似乎遇到了问题,上面盒子里的小米漏了一点就漏不下去了。优优有点着急,不断摇晃着刚刚制作成功的"沙漏"自言自语:"明明成功了,怎么就不漏呢?"说着便将制作好的沙漏扔在了一边。

老师发现了这个情况,走过去蹲下来问优优:"你怎么把自己做好的沙漏放在一边了呀?"优优有点泄气地说:"我明明已经做好了,可是它却不能漏,这个沙漏失败了。"老师摸了摸她的脑袋,笑着告诉她:"你可以仔细观察一下其他沙漏,看看到底有什么地方不一样。"优优仔细察对比了之后说:"我明白了,刚刚小米装得太多了,把两边都撑满了,所以才漏不下去。如果像其他沙漏一样,放一半,留一半,就行了!"于是优优拆开两个盒子,把多出来的小米倒掉,再将盒子组合,就这样,一个新的沙漏完成了。这一次,沙漏真的流动起来了,小米成功地从上面盒子全部漏到下面的盒子,优优非常开心地说:"我成功了!"

老师立刻朝她竖了一个大拇指,接着又问她:"刚刚你把沙漏里多余的小米倒了,那么倒多少才算正好呢?"优优看了看其他静止的沙漏说:"应该不能超过其中一个瓶子吧。"老师继续追问:"现在沙漏是制作完成了,那这些小米能漏多久你知道吗?还有盒子底下的洞,如果这些洞大小不一样,漏的时间还会一样吗?这里有记录表,你可以尝试记记看哦。"优优很自信地说:"我觉得小米多,一定漏的时间长,小米少就时间短。"在准备好计时器之后,优优将沙漏倒过来,同时按下了开始键。随着"沙子"漏完,优优按下结束键,并且在纸上记录了这一次沙漏的时间。

第二次,优优倒掉一些小米,用同样的方法记录了时间。她迫不及待地向老师展示记录结果,说:"看到没,小米少的话漏的时间就短,很快就漏完了,这跟我猜想的一样!"老师对优优的猜测和证实表示赞扬,但同时也提醒她,要多次尝试,验证自己的想法。

实验的成功,让优优增加了很多成就感,但是对于大班孩子来说,他们更喜欢不断地迎接挑战。所以老师决定继续采用提供材料辅助支持的方式,激励他们勇敢尝试,在过程中体验发现的乐趣,分析困难,积极寻求解决问题的办法,培养他们做事不急躁、专注、独立思考的优秀品质和思维素养。

这时,老师又拿出了一个新的材料——有不同大小洞洞的塑料片。在提示下,优优将塑料片穿插在两个盒子的连接口,但有时会出现一些问题,就是洞洞太小了,"沙子"好像根本不能通过。但是她发现原来将塑料片抽来抽去就可以改变洞洞大小,沙漏的快慢就不一样了!

优优看着材料里的绿豆说:"这些绿豆能代替沙子吗?"于是她进行了新的尝试,往盒子里面装了绿豆,然而绿豆漏了几颗下来就不漏了,优优非常着急,伸手摇晃着沙漏,一边说:"怎么回事呀?怎么不漏了?"老师告诉她,遇到问题千万不能急躁,静下心来想一想我们之前做过的实验,找找问题所在,想想怎么解决才是最重要的。于是优优拿起沙漏反复观察,发现原来洞口有点小,绿豆被卡住了。于是叹气说:"怎么又不能漏了,看来我要挖个更大的洞才行。"说着,她根据自己的想法,再一次调整起手中的材料……

这次活动源于幼儿本身,根据幼儿的困惑和意愿推进。最大的价值在于,在活动过程中,孩子通过动手自己发现了问题,又认真对比和仔细观察,明白了问题所在。在这种科学探索和亲身实践的过程中,幼儿刚开始遇到困难时容易放弃和失去信心,老师应该及时肯定幼儿的行为,给他们多一点鼓励,通过提问、提示的方式推动他们继续思考和尝试,这样有利于激发幼儿主动参与学习的热情和信心。在孩子获得初步成功时趁热打铁,继续抛出问题,以此来引发孩子进一步研究探索和发现;借助问题和材料拓展幼儿的思维角度,培养幼儿的学习思维能力,培养他们勇于探索和不断尝试的良好品质。对于大班孩子,还要再适当地给予他们一定的挑战,激发他们的求知欲,以此来加强幼儿学习的主动性。幼儿养成的好习惯、思维模式和科学素养会伴随幼儿一生,帮助幼儿在今后的学习生活中更好地解决问题,助力幼儿成长,更快地适应小学生活,实现幼小衔接。

案例说明

　　大部分幼儿在进行探索活动时比较关注事物的外在表现,发现生活中的一些现象之后,不会深入地思考。本案例以饭桌上的沙漏为研究对象,在老师一个个支架问题的引导下,通过让幼儿制作沙漏,想办法把"沙子"漏出来,思考装多少比较好以及不同的材质漏的时间长短等问题,促使幼儿不断探索。实际上就是间接地培养学生如何通过控制变量来调节实验结果的能力,小实验中蕴含着大智慧。

20. 脑筋转一转，罐子听我话

上海市浦东新区天天乐幼儿园　杨丽君

有一天，优优和他的伙伴们正在教室里玩。突然，优优发现在教室的角落里有几个透明的空罐子，它静静地横躺在一块长长的木板上。阳光照在罐子上，折射出五彩斑斓的颜色，好漂亮啊！优优很喜欢透明罐子，于是他上前用手推了推，一个罐子沿着木板骨碌碌地滚了起来。骨碌碌，骨碌碌……罐子滚到了教室门口，滚到了正好进入教室的老师的脚边。

"既然大家这么喜欢这个罐子，"老师说，"那我们就用罐子和木板，还有老师拿来的这几颗珠子，玩一个让罐子滚起来的游戏吧！"

"孩子们，我们把木板放到教室中间。"老师一边说，一边从教室另一边拿来几块积木，从孩子们拿来的木板中挑选出两块长度一样的木板，在木板的一端垫上积木，组成两个一模一样的斜坡。

接着，老师蹲下身子，举起透明的空罐子问："孩子们，如果我把空罐子放在斜坡上，松开手会怎么样？"

"罐子会滚！""会滚下来！"……孩子们七嘴八舌，非常兴奋，但似乎都没有把猜测的情况说得很完整。

"对，如果我们把空罐子放在斜坡上，松开手，罐子会沿着斜坡滚下来。"老师一边说，一边把空罐子放在斜坡较高的一端，松开手，罐子就沿着斜坡滚了下来。

"那如果——"老师接住滚下来的罐子，打开罐子盖，往里面放上珠子再把盖子拧紧，"——罐子里装了珠子，放在斜坡上，松开手又会怎么样呢？"

"罐子还是会沿着斜坡滚下来！""不对，不对！罐子不会滚下来！"孩子们的意见出现了分歧。

"好，让我们试一试吧！"老师把装有珠子的罐子放在斜坡上，松开手，罐子同样沿着斜坡骨碌碌地滚了下来。

猜对的孩子拍手叫好。优优没有猜对,似乎有些疑惑和失落。

"优优,是不是结果和你想的不一样?"老师鼓励优优说道,"不要气馁,敢想、敢猜、敢做都是好样的!"

老师对孩子们说:"刚才我们通过操作和尝试,发现没装珠子的罐子和装有珠子的罐子都会沿着斜坡向前滚。"

老师又拿出几个罐子,有些没装珠子,有些装有珠子。老师说:"接下来,我们不光要开动小脑筋,还要动动我们的小手,来比较一下,没装珠子的罐子和装有珠子的罐子,都放在坡上,起点相同,同时出发,谁滚得快?"

孩子们分成小组,纷纷在斜坡上放上罐子,观察装有珠子的罐子和没装珠子的罐子,哪个滚动得快。

"老师,老师!"天天在试了几次后提问,"我们做了好几次了,为什么一会儿是有珠子的罐子滚得快,一会儿是空罐子滚得快啊?"

"是吗?"老师来到跟前说,"来,我和你们一起试一试。"

孩子们又操作了两次。老师发现,孩子们虽然在放没装珠子的罐子和装有珠子的罐子时是同时松开手,但罐子在两块木板不同的位置,导致不能在相同的条件下比较罐子滚动的速度快慢。

老师指出问题的关键后,孩子们理解了"起点相同,同时出发"的重要性,说:"老师,我懂了,比较罐子滚动的速度,除了要同时松手,还要把罐子放在斜坡上同样的位置,这样才是相同的条件,才能做比较。"

"孩子们,"老师观察了孩子们的分组操作,开始提问,"通过实践、观察和比较,你们发现,哪个罐子滚动得快?这又是什么原因呢?"

孩子们发现装有珠子的罐子滚得更快一些。有的孩子说,因为珠子重,所以装有珠子的罐子滚得快。有的孩子说,因为罐子在滚动,罐子里的珠子也在滚动。

孩子们一番讨论后,老师进行小结:当罐子在斜坡上滚动时,里面的珠子也在罐子的中间滚动,珠子的重量增加了罐子向前滚动的惯性,所以装有珠子的罐子比没装珠子的罐子滚得快。

"接下来,我们再来挑战更有趣的事。"老师把活动向更深一层引导,"孩子们,你们是不是注意到斜坡中间有一条红线啊?大家开动小脑筋想一想,动动双手试一试,有什么办法能让滚动的罐子停在斜坡上?就停在红线的位置上。"

孩子们试了几次,无论有没有珠子,罐子都不能停在斜坡上,更不能停在红线的位置上。孩子们纷纷表示罐子不听话。

"你们看,我的罐子就很听话。"老师拿出了自己准备的罐子,罐子里的珠子固定在罐子内壁上。老师轻轻地把罐子放在斜坡上,松开手,罐子稳稳地停在了红线上。

"哇!""好厉害!"孩子们啧啧称奇。

"老师,"优优突然说道,"你的罐子里的珠子是固定在罐子上的!"

"哦?是吗?这可能是罐子能听话的原因吧!"老师回应道,"这里有报贴,可以固定东西用。大家来试一试,是不是珠子不动了,罐子就能停在坡上。"

孩子们进行了第二轮操作:尝试用报贴把珠子粘在罐子内壁,再让罐子停在坡上。老师细心观察孩子们是否把珠子固定住,耐心指导孩子放罐子的时候要轻拿轻放,珠子摆放的位置要朝下对准红线。孩子们一组一组地都让罐子停在了斜坡上,成功的喜悦鼓舞着孩子们。

"孩子们,"老师说,"看来你们的罐子都很听话。谁来说说看,是怎样让罐子停在红线上的呢?"

孩子们你一言我一语地交流着。最后,老师小结说:"我们把珠子固定在罐子上,让珠子不在罐子里滚动。珠子朝下对准红线,放下罐子,松开手,罐子就能停在红线上了。"

"接下来——"老师的语气神秘了起来,"我们能不能让罐子更听话,向前或向后滚呢?"

由于这组活动比较复杂,老师为孩子们提供了记录表,以便孩子们把实验结果准确地记录下来,用于集体讨论。老师在孩子操作和记录时,逐一确认每一组记录表中的斜坡方向和实物斜坡方向是一致的。

优优在进行让罐子向后滚的挑战时,用手推罐子向前滚动,尽管迫切想要挑战成功,破坏了规则,但还是事与愿违。着急的他向老师寻求帮助:"老师老师,快来帮帮我!我的罐子就是不会向后滚。"

老师引导优优思考:"优优,你仔细看,罐子停在斜坡上的时候,还有罐子向前滚的时候,珠子的位置朝向有什么不同呢?"

"会不会和珠子的摆放方向有关?"优优不是很确定。

"那我们试一试吧!"老师鼓励着优优。

优优再次建立起了信心,调整珠子摆放的位置,观察珠子不同朝向时罐子在坡上滚动的变化,终于发现:只要将珠子朝后,罐子就能向后滚动。

观察到每一组的孩子都能成功地让罐子朝前和朝后滚动后,老师说:"孩子们,你们都成功地让罐子听话了,现在我们来分享一下,罐子朝前或朝后滚,你们记录的珠子方向都是朝哪儿的呢?"

孩子们经过分享,在老师的引导下得出结论:要让罐子听话,珠子的位置是关键。将珠子朝下,罐子会停住;将珠子朝前,罐子向前滚;将珠子朝后,罐子向后滚。

讨论结束后,老师播放了视频,解释了与重力相关的科学原理。

最后,老师说:"原来啊,珠子是受到了重力的作用。你们知道重力是哪位科学家发现的吗?马上就要成为小学生了,要学着从书本上学习科学知识。这本《牛顿和苹果的故事》会告诉你们答案的。"

幼小衔接不仅关乎幼儿的学习成果,更重要的是对幼儿思维习惯的培养,为其今后的学习打下坚实的基础。在幼小衔接中,培养幼儿的思维习惯是一项重要任务。

"听话的罐子"科学探究活动注重激发大班幼儿对新知识的兴趣和求知欲。以"滚动的罐子"为话题导入,教师示范和幼儿操作相结合,通过"罐子会停住""罐子更听话"层层递进,逐步激发幼儿对罐子的兴趣,培养了幼儿积极的学习态度,使其操作的主动性增强,探究的兴趣浓厚。

在活动中,教师倡导幼儿发现问题,积极提问。教师对提问给予反馈和指导,并在陪伴幼儿操作时引导幼儿理解"比较要在相同条件下进行"等科学实验素养。在最后的记录表分享验证环节,教师组织幼儿将各组的记录表展示在展板上,便于各组交流讨论,鼓励幼儿相互交流和分享观点,培养了团队合作意识。

教师设计了具有挑战性的不同任务,引发幼儿思考和试错,提出自己的想法和解决方案。当幼儿在实验过程中遇到困难时,教师引导他们分析问题原因,提供支持和帮助。通过活动,幼儿从容应对困难、主动解决问题的思维习惯得到了锻炼,为形成良好的学习品质奠定了基础。

教师在活动中鼓励幼儿大胆实践,支持幼儿通过合适的方法表达探究结果。对于难度较低的探究,通过口头就能完成表达;对于难度较高的探究,记录表更有利于准确记录实验结果并用于集体讨论。

案例说明

科学探究活动是幼儿活动的一个重要的领域,本案例能从幼儿感兴趣的问题出发,引导幼儿关注探索过程中的实践要点,仔细观察,从不同角度思考,从而养成良好的思维习惯。幼儿在探索的过程中有失败的体验,也有改进后的收获,这样的探索才会走得更远。

第六部分　行为习惯

21. 晓晓的时间

上海市浦东新区曹路打一小学　曹昱婷

晓晓上小学了,可是刚刚进入小学的她对时间没有任何概念。出于这个原因,她总是有许多有意思的事情发生。

第一天上学,晓晓不知道上午有多少节课,每节课上多少时间,更不知道什么时候上课、什么时候下课。这不,晓晓才刚上了两节课,就背起了自己的小书包走到老师面前。看到晓晓背着书包,老师有些纳闷,她问:"晓晓,怎么背上了书包呀?"晓晓瞪着大大的眼睛,一脸疑惑地对老师说:"老师,妈妈说上两节课就要来接我回家了,这不是已经上好两节课,要放学了吗?"老师轻声细语地告诉晓晓:"晓晓,妈妈说的两节课是上午和下午,现在还没有到放学时间呢!"晓晓听了一头雾水。放学时,老师把这件事告诉了晓晓妈妈。晓晓妈妈不好意思地告诉老师,原来晓晓是不愿意上学的,担心新学校没有自己的好朋友,而且幼儿园阶段也没有一节一节的课程安排,只有上午和下午,所以跟她说了两节课。在和妈妈沟通后,老师才想到孩子在幼儿园阶段是没有上下课铃声,更没有上课下课概念的。进入小学,一直听到铃声响,根本分辨不出哪是上课铃声,哪是下课铃声。所以晓晓听到铃声,就觉得要放学了。为此,老师在教室里特地安装了一个时钟。虽然晓晓还不认识钟表,但是看到指针的位置也会大概知道现在是什么时候了。经过老师的指导,晓晓也知道了每一节课前有 2 分钟预备铃,这个时候假如还没进教室,就要加快速度了,进教室后要准备好下节课所需要的课本和学习用品,等待老师来上课。

虽然已经有了一段时间的适应,老师在学校里也经常提醒晓晓和同学们听铃声安排作息,并且利用行规儿歌,告诉学生什么时间了,该做什么了。但是这节是什么课,晓晓还不能提前做到心里有数,上课前晓晓总是一脸茫然,不知道该准备什么学科的教科书。于是,老师在黑板上贴上了当天的课程表,让晓晓能够自己观察课程表,知道自己该做什么。慢慢地,晓晓习惯了上课和下课,知道了什么时候该上课,什么时候要放学了。

老师还请家长帮忙,为晓晓抄写了一份一周课程表,放在晓晓的文具盒里。

经过两周的适应,晓晓逐渐习惯了小学的作息时间,也知道提前准备好上课的教科书和文具了。

但是好不容易适应了学校生活的晓晓,又遇到了新问题:写作业总是慢吞吞的,早上还经常迟到,小朋友们都已经出操了,她才姗姗来迟。为此,老师也经常和晓晓妈妈联系。晓晓妈妈很是无奈,为了让她不迟到,已经提前叫她起床了,但是又担心孩子睡眠不足,每次起床家里都会进行一场"拉锯战"。有一次,为了能让晓晓自己重视起拖拉的坏习惯,特地没有催促她,想让她知道迟到会被老师批评,她害怕被老师批评就不会再拖拉了。可是,这个方法也没有让她重视起来。老师告诉晓晓妈妈:"别着急,很多进入小学的小朋友都会出现类似的情况。这都是因为之前在幼儿园阶段,孩子没有时间观念,根本不知道该怎么去合理地利用时间。我们在这个阶段,就是要让孩子意识到时间的重要性,培养他们珍惜时间的意识。"为此,老师结合小学道德与法治课程中的《我不拖拉》一课,特地举行了一堂班会课。在上课过程中,老师让全班小朋友在一分钟内做一件事情。一开始,晓晓还是按照自己习惯和速度去做这件事情,结果并没有办法将事情做完,因为她感觉一分钟的时间太短了。之后,老师了解了其他小朋友的完成情况,发现班里有很多小朋友在一分钟之内做了好几件事情。当晓晓看到小伙伴在一分钟之内跳绳达到 80 个时,非常惊讶,也恍然大悟,其实一分钟之内可以完成的事情有很多,不能将这些时间白白浪费掉。接着,老师又让班里小朋友们一起实践一分钟的时间里,我们能完成多少事情。让小朋友们选择自己最喜欢的一个项目开展活动,请每组小组长在表中做好记录。活动后,班级讨论:如果将这些事连起来做,会有怎样的结果?通过讨论总结:一分钟时间很短,如果我们不好好利用,可能什么事也做不成,或者只能做一点点事情;但是只要抓紧时间,就可以做点事,几个短短的一分钟加起来,能做的事情就很多了。通过这次教学,晓晓开始懂得做事情不在于时间的长短,而在于抓紧时间的意义。课后,晓晓妈妈发现晓晓做事情的动作快多了,不再是慢慢吞吞的了。

语文课上,正好也学习了《一分钟》这篇课文,课文讲了元元因为早上多睡了一分钟,却迟到了二十分钟的故事。这不正好就和晓晓的情况一样吗?所以在学习课文的过程中,老师有目的地引导晓晓将课文内容和自己的实际生活联系起来。在学习了课文之后,晓晓从中受到教育,体会到不拖拉的重要性。课文后面也有练习:元元只多睡了一分钟,为什么会迟到二十分钟?这个问题更是让晓晓联系自身实际进行思考,自己平时迟到,就是因为没有重视一分钟的时间。在这之后,晓晓几乎没有迟到过。在和晓晓妈妈的一次沟通中,老师了解到,晓晓每天早上再也不会说"让我多睡一会儿"这句话了,而且每天回家吃饭、洗澡和复习功课的速度也提高了不少,不再拖拖拉拉,睡觉也就早了很多。

一寸光阴一寸金,寸金难买寸光阴。时间对每个人来说都很重要。对于从幼儿园过渡到小学阶段的小朋友来说,他们的时间观念尚未形成,单纯告诉他们时间很重要,他们是理解不了的。但是通过活动安排和教室环境布置,再结合家校共同努力,可以慢慢让小朋友成为自己时间的主人。

幼儿园和小学属于不同性质的教育阶段,特别是在时间安排方面有很大差异,幼儿园没有很明确的上课节数安排、课间休息安排等。这种差异会让小朋友进入小学后表现出上学迟到、做事拖拉和无先后顺序等缺乏时间观念的状态。因此,在幼小衔接阶段,应该正确引导小朋友感知时间的长度,帮助小朋友充分认识时间的意义,养成良好的时间观念,解决好幼儿园教育与小学教育的衔接问题。

案例说明

时间对每个人都是公平的,为什么有的人一天可以做很多事,可有的人却一事无成呢?关键在于珍惜时间,提高效率。本案例从幼儿进入小学的实际情况出发,设计了一些活动,利用语文课、道德与法治课的授课内容进行正面引导,还以周边的学生作为榜样,并且与家长沟通,取得家长的配合,多管齐下,帮助小朋友养成时间的观念。

22. 从"挑食宝"到"光盘侠"

上海市浦东新区周浦小学 菅俐馨

丁零零,随着清脆悦耳的下课铃声响起,校园里瞬间热闹起来,原来是午餐时间到了。每天午餐时,班级中就会形成两大阵营——"大胃王"和"挑食宝"。

晓晓端来饭菜,刚拿起勺子,就看见同桌的"大胃王"晨晨狼吞虎咽地扫光自己的肉丸、炒蛋、青菜和米饭,然后拿着空空的餐盘快速跑到老师身边:"老师,我要加饭,我要加菜。"看着晨晨红扑扑、胖嘟嘟的脸蛋以及光光的盘子,老师一边添饭,一边对晨晨竖起了大拇指:"真厉害!"

而晓晓呢,面对盘子里的饭菜愁眉不展,不情不愿地扒拉着食物,感觉比吃药还苦。"老师,我不喜欢吃青菜。"看着晓晓瘦瘦的小身板,老师真的好担心啊,于是耐心劝导:"晓晓啊,不吃饭,你的小脑袋吸收不到营养,会变得不聪明的。"晓晓在老师温柔的注视下,只好磨磨蹭蹭地吃着。转眼熬到了午休铃声响起,晓晓如释重负地倒掉了盘子里的食物,算是完成了今天的吃饭任务。

"晓晓,你过来,老师想考考你。"

"老师,你出题吧,我肯定行!"晓晓欢快地奔向老师。

"背古诗,老师说上句,你接下句。'锄禾日当午,汗滴禾下土。'"

"谁知盘中餐,粒粒皆辛苦。"晓晓准确应答,小脸得意地仰起来。忽然,她好像意识到了什么,又羞愧地低下了头。

看到晓晓难过的样子,老师轻轻拍了拍她。

当天晚上,老师打电话给晓晓的妈妈,告知妈妈晓晓在学校的午餐情况,也想知道晓晓在家是怎么吃饭的。妈妈吐槽晓晓在家也不好好吃饭,十八般武艺都用上了,也不见好,非常焦虑……

老师和妈妈聊了挺久,妈妈放下电话后,抱起晓晓,温柔地说:"宝贝,老师告诉妈妈,我们晓晓不爱吃饭、不爱吃青菜,这不是晓晓一个人的问题。从今天开始,爸爸妈妈不会再为吃饭批评晓晓了,我们和晓晓一起努力,做一个不挑食的好孩子,好不好?"晓晓虽然不知道老师对妈妈说了什么,但妈妈的承诺让晓晓很开心,吃饭时不用再怕被妈妈说教了,晓晓开始愿意尝试一些以前不吃的菜。爸爸妈妈的鼓励让晓晓的饭量突飞猛进。

这天的班会课上,老师向大家介绍了"杂交水稻之父——袁隆平"。老师告诉孩子们,袁隆平爷爷克服了许多困难研发出了杂交水稻,让中国人民不再挨饿,是国家的英雄。老师布置了一个任务:"小朋友们,我们生活中也有很多浪费粮食的现象,大家留心观察,明天来学校我们一起交流。"

晓晓和同学们在老师的引导下,通过小调查发现了许多日常生活中浪费粮食的现象。"我昨天回家发现我们家吃不完的菜都被妈妈扔进了垃圾桶,很浪费。""我们家昨天是出去吃的,我看到很多人吃不完的饭菜就放在桌上,浪费了。""还有我,我发现我们班的很多小朋友也浪费了很多粮食。"是呀,班级中小朋友经常浪费食物,看着每天被自己和同学浪费的食物有这么多,晓晓想:如果这些食物能给那些吃不饱饭的小朋友该多好啊!但我们的饭没法送给他们,所以只能靠自己多吃,才能不浪费。晓晓开始懂得了什么是"节粮光荣,浪费可耻"。

这天中午,班级泔水桶里被倒掉的食物变少了。老师不但表扬了小朋友们的进步,还奖励大家午会课看了一部关于粮食的纪录片。当看着贫困地区的学生每天只有白粥咸菜填肚子;当发现相比其他国家,中国菜是如此难得的美味……晓晓一开始特别震惊,克制不住地小声惊呼,后来慢慢沉默下来,看到最后,不少孩子眼里都泛起了泪花。"老师看到很多小朋友都哭了,能不能告诉大家为什么哭呀?"老师趁热打铁,让孩子们表达自己的感想。

"纸上得来终觉浅,绝知此事要躬行",教育千遍不如实践一次。时间一晃到了10月底,学校组织小朋友走出去,参观粮食基地。晓晓和同学们终于有机会亲近大自然,近距离接触粮食。基地工作人员先是绘声绘色地介绍各种稻米美食,然后教大家运用脱壳机,体验稻米脱壳的快乐,闻一闻稻谷的香味,最后参观石磨房。晓晓第一次见到真实的石磨,兴奋异常,老师手把手教晓晓如何磨大米,感受大米变米粉的神奇过程。只见晓晓小心地取一把大米放入石磨中,又轻轻地捡起撒落的一粒粒大米,再前后左右仔细地检查一遍,确定没有漏掉一粒米后,这才慢慢地推起石磨……磨好了米粉,老师表扬晓晓:"老师发现晓晓把每一粒撒出来的米都放进了石磨里,晓晓做到了珍惜每一粒米,是个节粮好宝贝!"

这天参观了粮食基地回来后,老师给小朋友们布置了一个新任务:"每人设计一枚'杜绝舌尖上的浪费'印章,我们通过投票的方式选出一幅作品作为班级印章,用来奖励午餐表现好的小朋友。"晓晓一回到家就叽叽喳喳地和妈妈分享:"我在班会课上学到过米饭、肉和蔬菜会给我们不同的营养,那我就设计吃完一样食物给这个小朋友一颗星,全部光盘就有三颗星……"说干就干,晓晓发挥自己全部的想象力和创造力,将自己的所思、所想、所学用画笔勾勒出来,并在印章的一角郑重签下自己的名字。结果,晓晓设计的印章被选为班级印章(见图1),晓晓别提有多开心了!那天午餐,晓晓破天荒地光盘了!老师也表扬晓晓进步特别大,是个珍惜粮食的好孩子!

图1 "杜绝舌尖上的浪费"班级印章

只是,老师话锋一转,说:"小朋友们虽然吃得比以前多了,但有的小朋友饭前不洗手,有的小朋友餐垫、餐具总是忘带,有的小朋友喜欢边吃饭边说话……问题多多。"老师一边发"文明就餐积分卡",一边宣布:"为了让大家养成文明用餐不挑食的好习惯,我倡议,全班同学一起参与'21天习惯养成记'争章积分活动。我们约定:每次餐前能做到洗手、餐具摆放好得1分;用餐时能做到有序排队拿饭、安静就餐得1分;光盘的孩子会敲一枚'杜绝舌尖上的浪费'班级印章以资鼓励。21天后,得章最多的小朋友会获得'节粮小达人'称号,还有神秘大奖哦!"小小的积分卡大大地激发了大家文明就餐的积极性。晨晨每次吃饭前都第一个去洗手,乐乐总算把餐垫、餐具拿到了学校,豆豆学会了安安静静排队取餐,天天每次吃饭"埋头苦干",再也不乱说话了。晓晓呢?每次吃饭总是第一个把青菜光盘!老师好奇地问晓晓:"为什么总是第一个吃青菜呀?老师明明记得晓晓以前不喜欢吃青菜的。"晓晓不好意思地笑了,说:"这是妈妈教我的,不喜欢吃的东西先吃,喜欢的东西后吃,这样叫先苦后甜,光盘就容易多啦!"老师也赞同:"是的,其实我们每个人都有不太喜欢吃的食物,但为了不浪费粮食,就算不喜欢也要吃,这样也保证了营养的均衡。"

渐渐地,班里的"挑食宝"越来越少,"光盘侠"如雨后春笋般涌现。

晓晓也终于成了一名光荣的"光盘侠",并把好习惯带回家,和爸爸妈妈一起参与光盘行动。不仅家里吃饭不浪费,外出就餐也能做到吃多少点多少,杜绝舌尖上的浪费。晓晓在活动中不仅规范了就餐礼仪,体会到了粮食的来之不易,懂得了"珍惜粮食"的意义,同时带动了家庭的节粮行为。

随着人们生活条件的日益改善,浪费粮食的现象触目惊心。我们要从小教育孩子惜粮爱粮:惜粮是品质,爱粮是责任,光盘是美德。

案例说明

在家庭环境的影响下,儿童的节粮意识薄弱,又因自身的喜好限制,导致一年级孩子浪费粮食现象严重。本案例以小学生浪费粮食的现象为切入点,通过组织丰富多彩的活动,家校联手,多渠道全方位地让儿童明白惜粮爱粮的必要性,激发儿童节粮惜粮、文明就餐的内在驱动力,帮助儿童树立珍惜粮食不浪费的意识,让儿童在实践中学会文明就餐不挑食,让"挑食宝"成长为"光盘侠"。

23. 小小监督员

上海市浦东新区中市街幼儿园　何佳妮

今天的游戏出现了一个"小插曲"。"老师,优优'理发'的时候没有排队。""老师,天天在美工区一下子拿了四张纸。""老师,今天没有轮到乐乐去自然角浇水,她又去浇水了。"……游戏时间,身边来"告状"的小朋友络绎不绝。今天,老师们决定"闭口不言"。有时候"不中断幼儿的行为",是更利于幼儿接受的教育方式。

游戏结束后,老师和孩子们一起分享了今天的游戏体验,听听他们对于不遵守规则的想法。召开这样的分享会,孩子们顿时炸开了锅。

优优:"不遵守规则就乱套了,大家都会抢。"

天天:"不遵守规则,别人就不能玩了。"

老师:"既然规则那么重要,为什么还有人不遵守呢?"

乐乐:"我最喜欢到自然角浇水,可是每次要轮流好久才能到我,我太着急了。"

天天:"我拿四张纸是因为花店里客人要四朵花,我的纸不够了才到美工区拿的。"

老师们都习惯了每天陆陆续续地听到小朋友来"报告"班级不遵守规则的同伴。常规的做法就是为了安稳立即解决问题,殊不知这样带来了巨大的工作量。小朋友见"报告"老师能够起到立竿见影的作用,于是产生了羊群效应,小朋友们每天都喜欢到老师身边来"报告"。老师们发现游戏中花费了大量的精力来解决规则问题,根本无法静心观察和记录孩子的游戏过程。《3—6岁儿童学习与发展指南》提出:"结合社会生活实际,帮助幼儿了解基本行为规则或其他游戏规则,体会规则的重要性,学习自觉遵守规则。"今天游戏中之所以出现了"失控"的现象,主要是因为教师没有直接干预幼儿的违规行为,而幼儿长期习惯性地违规也是因为他们对于规则的重要性不甚了解。如今我们提倡生活自主、游戏自主、学习自主,那么,所有活动的规则是否也能让孩子自主制定和执行呢?只有当幼儿自己真实理解了规则的重要性才能更懂得遵守规则。

通过讨论,优优、天天和乐乐说出了自己不遵守规则的原因以及行为所造成的后果。此时,老师不应强加一个惩罚性的后果给三个孩子,比如对三位幼儿的行为、想法进行批评,而是可以带领他们进一步探索自己的选择。

老师:"你们觉得我们班哪些规则是必须要有的?为什么?"

优优:"盥洗室洗手、喝水、小便都要排队,排队的规则必须有,没有规则的话容易洒水、弄脏。"

天天:"图书区看书要有规则,没有规则的话书就乱了,太吵了看书也没法看。"

乐乐:"游戏也要有规则,没有规则大家就乱跑乱玩,我们要买东西都不知道应该找谁。"

老师:"之前我们制定的规则常常有小朋友违反,每天都会有很多小朋友来老师这里'告状',可是老师每天有很多的事情要做,不能只当法官。这么多的规则我们该怎么监督执行呢?"

优优:"可以让值日生来监督。"

天天:"我们相互监督,可以制作一张表格,没有遵守规则的就记录下来。"

乐乐:"交通警察、城管、保安都是监督大人有没有遵守规则的,我们也可以选出交警和城管来监督啊!"

经过讨论,确定了每周选举两名"小小监督员"来监督和记录小朋友规则遵守的情况。在大家的集思广益下,孩子们自主分成了不同的小组,每组一张画纸,通过小组合作协商画出不同活动中的规则。最后大家分组介绍了自己小组制定的活动规则,并将规则要求按活动类别归类统计好,用图画表征的形式粘贴出来。

其实幼儿对于规则是一知半解的,由于年龄小,也并不能完全将所有的规则时刻铭记。而且曾经的班级规则都是由教师制定,部分口头约定部分制作成班级公约展示。"幼儿的思维特点是以具体形象思维为主。"对于幼儿来说,规则是一个抽象的概念,因此,只有把抽象的规则具体形象化,才有助于孩子认识。教师制定的规则尤其是口头约定,幼儿常常会忽略和忘记,因而经常出现不遵守规则的现象。这次制定规则的主体变成幼儿自己,并且用他们容易理解的图画表征方式进行公示,相信能够让幼儿更清晰地读懂规则,继而去遵守、执行。

所有外部施予的行动准则都是被动执行,只有将规则内化成习惯性行为才能促进幼儿主动遵守,帮助他们形成良好的行为习惯。具象化的规则图示与小小监督员的双重加持完美地"减轻"了老师的工作量,促进了幼儿主体意识的发挥。而且在执行中发现规则有问题后,孩子们会主动商讨,并由监督员不断优化和完善。而幼儿之间相互评价、相互监督的方式,成效远胜过老师间断性的评价与监督,同伴的管理也更易于幼儿去自愿接受和改进。

经过此次孩子们激烈的讨论,他们自发做起了"小小监督员"。当有孩子发现了违反规则的行为时,他们都会向监督员汇报,由监督员来判断是否违规并进行记录。成为"小小监督员"的时期,也是孩子们的"特别时光",当优优、晓晓、乐乐,或者其他幼儿进入"特别时光"时,他们会感受到情绪的归属感,以及维持正确行为习惯、纪律意识的价值感。

对于幼儿的行为习惯,老师常常去管理、去约束。当老师们发现自己越来越"繁忙"时开始了自我反思。记得著名教育家陈鹤琴先生曾经说过:"凡是孩子自己能做的,就让他自己去做。"老师给自己制造的"麻烦"主要是因为一直用"他律"的方式来约束幼儿的行为。经过反思调整,老师切实感受到,良好行为习惯的形成必然是一个"他律"转为"自律"的过程。把发现规则、制定规则、遵守规则的自主权还给孩子们,让他们自主选择、大胆讨论、自我管理,显然比起老师的努力管理和控制幼儿更为有效。

心理学有研究表明:一个好习惯的养成需要 21 天的坚持,90 天的重复会让这个习惯变得稳定,成为很难改变的一种行为。幼儿良好行为习惯的形成并非一两次专门的教育教学活动或者特色活动可以达成的,行为习惯是在幼儿的一日生活中自然而然展现的。为此,培养幼儿良好的行为习惯,老师可以采取以下措施:

1. 融合教育。教师可以将生活中发现的问题融合到集体活动、小组活动、游戏活动中,并通过图画表征、数字记录评价等方式引导幼儿制定规则的同时提高艺术领域、科学领域的知识水平,让幼儿在这样融合的活动中潜移默化地形成良好的行为习惯。

2. 正面反馈。当幼儿表现出良好的行为时,教师及时给予肯定和赞扬。这可以增强幼儿的自信心和自尊心,也可以鼓励他们继续保持良好的行为习惯。

3. 提供榜样。教师应该成为幼儿的良好榜样,展示出积极的行为和态度。这可以帮助幼儿模仿和学习正确的行为方式。

4. 家园合作。教师应该与家长密切合作,共同关注幼儿的行为习惯。通过与家长的交流和合作,更好地了解幼儿的家庭环境和背景,从而更有效地帮助他们养成良好的行为习惯。

幼儿时期是养成良好行为习惯的关键时期。像优优、天天、乐乐这样的孩子，正处于人生的初始阶段，虽然其自控能力较弱，但是可塑性很强。通过一系列的教育和引导，他们学会了尊重他人、关心他人、分享和合作等重要的品质。这些品质不仅能够帮助孩子更好地融入社会，为他们未来的学习和生活奠定坚实的基础，也可以帮助孩子培养自律和自我管理的能力。在幼小衔接这一重要的过渡时期，老师可以选择适宜的教育策略帮助幼儿提升自我控制能力，形成良好的行为习惯，让他们更加自信和独立地面对学习和生活中的各种挑战，为更快适应小学的生活和学习节奏奠定基础。

案例说明

养成良好习惯的过程中也会出现一些小问题，对于这些问题，老师是强行纠正，还是让孩子自己去发现，自己去改正呢？这需要把握一个度，并非所有的错误都需要老师来管教，当这个错误不严重的时候，是可以让小朋友们相互提醒，自我纠正的。老师可以作为旁观者，关注孩子的行为，非必要不介入，也就是讲究教育的艺术。

24. 我是小小军事迷

上海市浦东新区川沙幼儿园　夏玲玲

　　户外游戏开始了,小朋友向草地跑去,他们像一群小麻雀一样直冲滑梯的碉堡顶端。红队的天天和豆豆拿起材料箱子里的冲锋枪一下子爬到滑梯的高处,捡起碉堡上方炸弹库中的手榴弹就开始火并了起来。只有红队队长优优一个人在旁边用梯子搭战壕,可是需要搭的大型框架太多了,优优一个人有点力不从心,他有点生气地跑到滑梯边上对天天和豆豆说:"你们怎么不来帮我一起搬呀?"天天满脸不情愿地说:"滑梯就是碉堡,我站在了碉堡上方,就是帮你占领了阵地呀!"优优的脸上露出了无奈的神情。

　　幼儿园的草地里有一片靓丽的风景线,没有精致的摆设,没有有趣的玩具,却是优优最喜欢、最向往的一个地方,班里的小朋友将这片区域命名为"奇幻丛林"。这里是一个由草地打造而成的军事游戏基地,好玩又充满挑战,能让孩子不断地萌发出新的野战游戏灵感。对于小朋友们而言,解放军身穿英姿飒爽的军装是充满神秘色彩的,优优又是班中的军事迷,经常能够听到他和其他小朋友分享自己知道的军事小知识,班级里的其他小朋友受他的影响对于野战区也十分迷恋。每一次的野战游戏优优都要做队长,冲在战场的第一线。

　　但是现实是残酷的,他的队员天天和豆豆只顾着把炸弹扔出去,没有心思将游戏材料归类摆放战壕。"你们看看呀,我们的手榴弹都扔在地上,还没开始打仗,地上就已经都是炸弹了,还怎么游戏啊?""还有,这是谁呀?怎么可以把冲锋枪和手榴弹放在一起呢?""谁把搭建防守的麻袋乱放啊!"游戏还没开始,搬着材料的优优就开始抱怨起来,最终,红队又一次在野战游戏中输给了绿队。

　　户外游戏结束后的讲评环节中,优优就材料乱堆放开始告状:"老师,我今天看到欢欢打仗的时候把玩具枪放在了手榴弹的地方,还有豆豆,怎么可以在碉堡上放置防守麻袋呢?"对于今天的防守线材料摆放,优优作为红队队长一点都不满意。

　　天天抱怨说:"我们的材料箱子很乱,想要什么材料根本找不出来,我先把炸弹扔出去,这样找材料就会快一点。"

老师问道:"那为什么绿队取得了胜利呢?"

绿队队长乐乐自豪地说:"那是因为你们红队游戏还没开始,军火库的炸弹已经乱扔在了地上。"

绿队队员晨晨又补充道:"还有防守的战壕,都是要提前规划摆放好的,我们在游戏的前一天就将游戏规划图设计好了,直接去材料箱找就很清楚了。"

"我们绿队的游戏箱子材料放得很清楚,知道从哪里拿冲锋枪和手榴弹。"绿队队员解释了一下。

这下红队队员了解了自己输掉比赛的原因了。

于是我又问红队:"那接下来你们红队会怎么做呢?"

"我认为我们也应该先布置场地,再进行游戏。"队长优优先说了自己的建议。

"还有我们的材料箱,现在是将手枪和炸药放在一起,我们是不是可以分开放置。"天天也开始有了自己的关于整理的想法。

绿队队长乐乐又说道:"其实你们红队在结束整理的时候就可以为下一次比赛准备起来了,只要分类分得清楚,那么下一次游戏也会赢的。"

老师又问大家:"那你们有什么整理的好办法吗?"

"我看到二班小朋友在整理的时候先整理小的材料,再拿大器械。"欢欢指了指不远处二班的游戏场地。

"我爷爷有螺丝刀,让他给我们的材料箱安装四个轮子,这样我们可以推材料箱,速度就会变快,整理的时间也会短一点。"豆豆给出了不一样的想法。

"还有就是几个小朋友在一起收相同的游戏材料,导致其他的装置没人收。"

红队绿队对于这次游戏最后的材料整理方式都有自己的想法,于是大家先把各组的想法在小组之间进行讨论,再将材料堆放位置画下来。

红队讨论中:

优优:"因为大家把所有的东西都塞到了里面。"

天天:"因为我们把东西都放得满满的。"

豆豆:"我看到还有的小朋友把大的冲锋枪竖着放进去了。"

……

红队发现每一次野战游戏时,小朋友会把不同的材料都堆放在一起,甚至还有的小朋友会把大的玩具枪竖着放在箱子里,导致红队的材料箱盖不上盖子。

通过调查,孩子们发现玩具箱子中主要存在以下几种物品:一类是打仗用的冲锋枪、望远镜;一类是沙袋、锥桶;还有一类是小朋友在家自制的玩具炸弹。原来我们的玩具箱子中可以放置许许多多我们需要的物品,但是如果箱子里的物品种类比较多,又没有在游戏结束后及时整理,就会乱七八糟的。

优优:"我们可以在箱子上贴上标签,用画画的形式标记箱子中的物品。"

萌萌:"其实,我们还可以根据不同材料的大小形状进行整理。"

豆豆:"还有,我们自制了很多小箱子,可以放置不同材料的炸弹。"

……

原来箱子乱乱的会带给孩子们许多麻烦,比如有的东西放不下,有的东西需要寻找很久。如果把箱子整理得整整齐齐的,一类物品归一类物品进行摆放,并且每个箱子上做好标记,这样会不会减少一些麻烦呢?于是小朋友们开始想一些能够使箱子变整齐的方法。

大家还一起商量、描绘整理的计划,根据计划执行什么时候开始整理野战材料箱,什么时候能够和伙伴进行游戏。经过大家的商量,红队发现原来可以用不同的方式方法进行整理归类,为下一次的野战游戏做好充足的准备。优优给红队队员打气:"这一次我们规划得这么仔细,分类整理后一下子就能找到材料,我们红队必胜!"

经过整理以后,红队队员对于材料箱子里的材料了如指掌,知道冲锋枪摆放在高一点的盒子中,手榴弹集中在碉堡的军火库小盒子里,望远镜挂在碉堡旁边的树枝上,不同的材料摆放在不一样的地方。红队队员对每一次的游戏更是热情高涨,不再是在碉堡上方乱投炸弹了。

班里大部分是独生子女,在家中许多生活常规整理活动都是由大人包办的,特别是一些祖辈家长,喜欢帮助孩子做一些力所能及的小事情。然而就是因为平时在一些细小的自理活动方面缺少经验,导致幼儿缺乏整理能力,例如在野战区就会发现炸弹被随意扔在地上,而小朋友自顾自地进行游戏活动,在整理的时候也当作没看见;幼儿一遇到困难就要缩在后面,总是希望得到老师或者同伴的帮助。这些都是由于幼儿缺乏责任意识,不会将自己该做的、能做的、会做的事情去做好。孩子往往会被认为是无忧无虑的,殊不知在学前后期、小学前夕的这段时间中,一些孩子由于完成任务能力弱,会受到不同程度的自卑干扰。老师也发现整理能力、自理性较弱的幼儿不敢大胆表现自己,其中大多数是由于在家中是"小皇帝""小少爷",过着"饭来张口,衣来伸手"的生活。

由于幼儿园的教育是以游戏为主,保教并重,幼儿在游戏中感受不到因为缺乏整理能力而带来的困惑,到了一年级后,环境、老师、同伴的改变,特别是小学的教育不再以游戏为主,而是以授课为主要教学方式,这就使那些自理能力弱、不善于归纳整理的孩子产生了危机感,不会整理、不会归纳、不会自理,一系列的问题导致了孩子习惯性地拖拉,从而影响了正常的学习。

通过实践、交流、讨论,小朋友们对于整理的方式有了一定的了解,掌握了户外游戏材料的整理方法,自我服务意识也得到了提升,他们发现原来自己还是非常能干的,从而增强了自信心和满足感。作为教师,我们应该充分挖掘教育的机会,从孩子们身边的小事出发,去发现有价值的教育点,通过捕捉孩子们的兴趣点、行为表现等,组织幼儿进行商讨,深入展开活动。

整理户外游戏箱子是孩子生活自理能力、独立自主意识、责任意识的表现,好的生活习惯的养成是潜移默化的,要从小培养幼儿自己的事情自己做,也为以后的小学生活奠定基础!

案例说明

幼儿园的孩子们最喜欢做各种游戏了,可是游戏完毕,大部分孩子不喜欢整理器材,这样,下一次游戏时就找不到器材了。整理器材费时,也不好玩,本案例的老师能引导孩子整理户外游戏器材,让孩子懂得集体器材要整理好,也要爱惜,这样才能长久地开展游戏活动。虽然这看起来是一件很小的事情,但可以帮助孩子们形成乐于奉献的好品质。

第七部分　交往习惯

25. 晓晓结交到新朋友了

上海市民办中芯学校 韦力萍

性格有些慢热的晓晓上小学一年级了,这几天他总是闷闷不乐,每天早晨出门都磨磨蹭蹭的,嘴里还念叨着:"学校不好玩,不想去上学。"妈妈知道,晓晓是因为怀念以前幼儿园的朋友,又还没有在新学校结交到新朋友,所以心情才不好。妈妈多希望晓晓能快点在学校交到好朋友,感受到友谊的快乐,也许就可以更快地融入小学生活了。于是妈妈求助于班主任王老师,王老师是一位资深教师,她答应晓晓妈妈一起找办法帮助晓晓尽快结交到新朋友。

晚上,王老师在备课中发现,自己所教的道德与法治课中正好要教《好朋友》一课,何不用好这个契机帮助晓晓?于是在第二天的道德与法治课上,王老师先让每位小朋友折了一架纸飞机,当大家都把纸飞机折好后,王老师说:"今天每位小朋友折的飞机,我们给它起个名字叫'友谊号',你的纸飞机飞到哪位同学的跟前时,你就和这位同学互相认识一下,成为好朋友。"

王老师话音刚落,同学们就纷纷飞起了自己的纸飞机。不一会儿,在晓晓的课桌上停了两架纸飞机,只见晨晨和欢欢一下子跑了过来,晨晨高兴地大声说:"我叫晨晨,我愿意和你成为好朋友!"欢欢也紧跟着说:"我叫欢欢,我们以后就是好朋友了!"说完还拉着晓晓的手跳了起来。

晓晓一下子有了两位新朋友,有些惊讶,抿了抿嘴,笑了。他突然想起来,自己的飞机飞到哪去了?这时,第一排的乐乐正在吆喝:"谁的飞机飞到我这里了?"晓晓连忙走过去一看,果然是自己的,他有些害羞地说:"我叫晓晓,你愿意和我成为朋友吗?"乐乐一听,高兴地说:"当然愿意!我们下课一起去玩游戏吧!"

这节道德与法治课结束了,晓晓一下子结交到了三个新朋友,他太高兴了!放学回到家,他立刻把这个好消息告诉了妈妈。妈妈激动得连忙打电话感谢了王老师。

在一年级入学适应的过程中,部分性格偏内向的学生,也许并不能马上建立自己的"朋友圈",也许想要和某个同学交朋友却又没有勇气和方法,也许在玩耍的过程中非要同伴听自己的而产生不愉快,等等。这时,就需要父母、老师的助力——引导他、陪伴他、帮助他结交新朋友。在以上案例中,老师很巧妙地结合学科教学,自然地引导晓晓,帮助他主动交到了新朋友。但是依据《3—6岁儿童学习与发展指南》及《小学入学适应教育指导要点》中的培养目标,小学入学适应中对学生在人际交往方面习惯与能力培养的要求较幼儿园提升了许多,不仅要求小朋友能结交新朋友,还需要有经常一起玩的朋友,不仅能有高兴或有趣的事愿意分享,在合作中遇到冲突时还要学会解决。那么老师和家长可以从哪些方面着手帮助像晓晓这样的学生拥有结交新朋友的能力与习惯呢?

建议一:学会自我介绍。说起自我介绍,对于很多"社恐"的大人来说,都是一个很大的挑战。对于晓晓这样一个有些慢热、内向,又是刚刚踏入新环境的新同学来说,应该如何鼓励他敢于说？应该从何说起？怎么说才能表现自己的特色,给大家留下良好的印象？这个起点很关键,需要家长与老师一起耐心对待。建议晓晓妈妈先让晓晓在家人面前进行一些才艺表演,当家人给予他表扬和鼓励时,也给了他在陌生人面前介绍自己的勇气;另外可以先选择一些晓晓熟悉或喜欢的主题,让他围绕这个主题谈论1—2分钟,然后选择一些有点难度的主题让他谈论,锻炼他表达的连贯性和思维能力。当然,家长还需重点帮助他准备自我介绍的内容,可以从晓晓喜欢的事情说起,比如电影、音乐、运动项目、图书、地方、颜色等,这样可以让其他同学了解他,发现彼此共同点,减少同学间的陌生感,拉近彼此间的距离。

建议二:家长积极示范。家长是孩子的第一任老师,平时的言传身教对孩子的影响很大。在日常的生活中,家长可以进行交友示范,引导孩子主动结交朋友。比如,晓晓和妈妈常常会和邻居一起乘坐电梯,妈妈可以主动和邻居打招呼,时间久了,大家在熟识的基础上,会自然而然成为朋友,这些做法都会给晓晓很好的示范。课余时间,晓晓妈妈还可以带着晓晓和同班的同学家长建立联系,如果是一个小区的,可以约出来一起玩,家长之间可以交朋友,孩子之间也会自然地玩在一起成为朋友。

建议三:阅读绘本故事。在许多绘本故事中,尤其是社交类的绘本,会预设很多社交场景,老师或家长可以利用这些故事,让晓晓自然地领悟到一些交友的方法。比如:绘本《彩虹色的花》能够教会孩子感受与他人分享、尽力帮助他人的美好情感,懂得同伴分享、乐于助人是一种美德;《我有友情出租》能让孩子懂得朋友是需要自己去寻找的,能学会主动去结交朋友;《小老鼠和大老虎》能让孩子明白真正的朋友是建立在真诚与平等的基础上,需要设身处地为对方着想,当发生冲突的时候,更需要彼此付出努力、相互包容;《敌人派》则让孩子明白"敌人"有时是由于缺乏沟通与了解而产生了误解。在阅读的过程中让孩子有一个自我认知的过程,体悟作者那颗"爱心"散发出的机智与智慧。

建议四:积极参与活动。在学校组织的主题班会活动中,班主任老师可以组织学生进行"优点大轰炸"主题活动,引导学生用欣赏的眼光看待周围的伙伴。妈妈可以鼓励晓晓认真制作赞美卡片,在活动中拿着赞美卡片,大声说出自己想夸赞的同伴的名字。当晓晓看到别人学习进步,欣赏他人乐于助人的同时,相信他也会赢得更多的朋友。因为懂得欣赏他人、宽容对待他人是孩子悦纳他人的前提,悦纳他人不光能让自己收获更多的朋友,也能够让孩子从内心深处认同合作共赢。另外,很多学校都会在入学适应期举办"大手拉小手"的活动,让高年级大哥哥大姐姐利用每天大课间休息时间,带领一年级弟弟妹妹熟悉校园环境,教会他们如何与新伙伴交往。晓晓可以在哥哥姐姐的带领下,一会儿从故事中学习结交新朋友的方法,一会儿又欢乐地一起游戏,享受团队合作的快乐,在轻松愉快的氛围中学习交往技能。

建议五:及时评价激励。在入学适应过程中,教师除了在日常的教育教学中给予学生及时、有针对性的评价之外,还可以利用行为达标奖券,奖励入学适应中行为规范做得好的学生。此外,针对入学适应期不同的适应要求,还可以设计《一年级入学适应评价手册》,由家长引领小学生在不同阶段进行自我评价。晓晓妈妈可以通过纵向比较,客观看待晓晓在成长中的优势与不足。尤其在人际交往方面,通过多元评价,可以看到孩子从不愿意主动接近老师,到有问题主动寻求老师的帮助,看到学生有了自己经常玩耍的朋友,并愿意分享自己的喜悦。

学生的交往与合作能力不仅是一种素质,也是一种品德。随着年龄的增长,能否建立起与周围人和谐的关系对于孩子进入小学发展的影响越来越重要。作为教师与家长,在入学适应过程中,应该充分利用人、物、时空等各种因素充分调动孩子的各种感官,用多样的方式激发孩子的交往兴趣,发展孩子的交往能力,让他们成长为身心健康的孩子。

当然,儿童的入学适应过程在多方面存在很大的个体差异,儿童交往能力的培养也是系统、长期的过程,它需要学校、家庭、社会协同合作。例如上文建议三提到的绘本故事阅读,家长与老师都很重视,选择了很多适合晓晓阅读的书本,尤其是妈妈,常常和晓晓一起进行亲子阅读,让晓晓渐渐了解了结交到朋友后,如何和朋友友好相处的好方法。比如晓晓看到小老鼠和大老虎的友谊是建立在真诚与平等的基础上的,需要设身处地为对方着想,他也学着理解他人的感受、学会表达的方式。在多种方式的努力下,在老师与家长的协同教育引导下,两个月后,晓晓已经结交了很多好朋友,他们在一起学习、一起游戏、一起阅读,晓晓觉得学校不仅是一个学知识的地方,也是一个能给他带来快乐的乐园。

案例说明

人际交往是孩子成长中很重要的一项能力。《小学入学适应教育指导要点》对一年级的学生在学会交往方面的要求是:愿意主动接近老师,有问题能找老师寻求帮助;能与同伴友好相处,有经常一起玩的伙伴;能与同学分工合作完成任务,互帮互助,发生冲突时会协商解决。像案例中呈现的晓晓这样的学生在入学适应中所遇到的交友困难值得我们教师与家长给予关注与研究,共同寻求合适的方式帮助他们学会交友。

26. 获得掌声的晓晓

上海市浦东新区明珠小学　邱家祺

"老师！老师！晓晓在美术课上一直拿水笔戳我后背！我跟他说了,他也不听！""老师！老师！刚刚我提醒晓晓要准备好课本,他却把我的书扔在地上！"……一进教室,"投诉"如潮水般向老师涌来,仿佛要将人淹没。而所有这些都有一个共同的主角——晓晓,那个长相清秀的小男生。

晓晓白白净净的脸蛋儿上长着一双炯炯有神的大眼睛,任谁看了都会夸奖:"真是一个精神的小伙子。"可这样一个小男孩却经常随便"抢"走同学们的文具,会用手指或笔尖戳别人,还会无缘无故地大力"打"同学……人人见他都摇头,个个见他都头疼。

老师又一次叫来晓晓,语重心长地对他说:"晓晓,这些行为都会给他人带来麻烦,不可以这么做。"老师还带着晓晓一起认读《小学生行为规范》,晓晓似懂非懂地点点头。老师轻轻拍拍晓晓的肩,对他说:"老师相信你能改正这些行为,加油。"可老师心里却直打鼓:晓晓为什么总是和别的小朋友闹矛盾呢?

之后的课间,老师都特别留心晓晓的一举一动,发现他要么独自瘫倒在椅子上,或是四仰八叉地躺在地上;要么一个人用铅笔搭火箭,双手夸张地在空中飞舞,喃喃自语;要么主动凑近同学们聊天看书的圈子,却无法融入……

老师的心里突然被什么东西击中了,小时候的场景在脑海中浮现:那些经常被批评的"捣蛋鬼"在分组游戏时常常找不到小组加入,他们总是会做出"不合时宜"的夸张举动,引起别人的注意……也许晓晓也是如此。

意识到这一点之后,老师对晓晓的不良行为有了不一样的感觉:"晓晓真正想要告诉别人的是什么呢?"

一天放学后,老师决定和晓晓"谈谈心"。空无一人的教室显得有些冷清,老师搬来一把椅子,和晓晓面对面坐着。打破物理距离是拉近心灵距离的第一步。

"晓晓,愿意和我说说今天你的课间活动吗?"老师不想让晓晓觉得是在被批评。

但晓晓不说话。于是老师试着将问题转移到别人身上:"我看到你下课时很想凑近同学们,我很好奇,他们在做什么呢?"

晓晓对别人的事情很有兴趣:"他们在看漫画《父与子》。"

"这是一本很有意思的书。"

晓晓的话匣子一下被打开了:"书里的爸爸和儿子好搞笑,他们看的时候哈哈大笑,我觉得很吵,但我也想看……"从细碎的言语中老师知道之前的猜想没错——晓晓希望融入同学中。

"晓晓,当你想要和同学们一起看书或者聊天的时候,你是怎么做的呢?"

晓晓不说话了。

"那老师说说老师观察到的,你可以随时提出不同观点。"

"你是不是用手大力地拍了他们?"晓晓想了想,点点头。

"你是不是有时会拿笔尖戳他们?"晓晓又点点头。

"你是不是会凑到他们旁边故意大声地嚷嚷?拿走他们的东西?"晓晓还是点点头。

"你愿意告诉老师,你做这些行为是为了得到什么吗?"老师试图挖掘晓晓内心的真实想法。

晓晓沉默了一会,低声说:"他们不借给我书,不借给我文具……我想和他们说话,和他们一起玩……"

走进孩子的内心世界是帮助孩子解决问题的第一步。晓晓正是在寻求关注,他努力用他的方式引起别人的注意,大力拍别人,大声说话,当他想得到他人帮助却得不到时,他就直接动手……这是晓晓所做的"努力",但是这些行为都是不恰当的,甚至在他人看来是惹人讨厌的。于是晓晓又有了自暴自弃的内心暗示,他觉得自己不能融入集体,因此放弃改变自己的行为。这会成为一个恶性循环。这不是一个故意捣蛋的孩子,这只是一个内心孤独,想寻求归属和认同的孩子!

于是老师尝试表达出对他的理解:"我明白你的心情,想要和大家一起看书、聊天,一个人有时会觉得很无聊。"晓晓听到老师能理解他的感受,有点不敢相信,但他显然更愿意交流了。"可是有些行为可能会让别人误会。"老师想让晓晓切身体会一下这些不良行为带来的后果,"现在我做一些行为,你来感受一下好不好?"

晓晓对这种活动很感兴趣。

老师控制好力度,比平时稍重一些拍了下晓晓的背。

"哎哟!"晓晓果然"做作"地喊了出来。

接着老师让晓晓转过身,然后停顿了一会儿,再用手指轻戳他的背。

晓晓皱起眉头说:"为什么戳我?"

"在你看来,我为什么要拍你?为什么要戳你?"

晓晓毫不迟疑地说:"在恶作剧。"

老师继续说:"晓晓很聪明。那你觉得当你这么做的时候,小朋友们可能会想些什么呢?"

过了很久,晓晓轻声说:"他们觉得我在捣乱……"

"是呀,"老师抓住机会,"别人只能从你的行为中去猜测你的想法。每个人对力气的承受能力也不相同,你觉得拍别人是在打招呼,别人可能会觉得你在恶作剧,甚至是在打他。你刚刚感受到了吗?"晓晓点点头。

为了让晓晓能感受到认可,老师首先表达出对他能力的信心,并教他正确的交往方式:"当你想要问小朋友们借东西时,用上礼貌用语,我们在口语交际中都学过。老师相信你会的。即使你很着急,也要礼貌地询问别人。老师会给你充足的时间,我愿意尽我一切所能来帮助你。我想,小朋友们也都还是很愿意与你做朋友的。"同时,老师也表示了对晓晓的支持:"老师知道你小脑瓜里有很多想法。当你愿意分享的时候,老师都非常愿意听你说。"

有了和老师的约定,晓晓一下子充满了活力,他高兴地与老师拉钩,并立即吐露了一个秘密——他最近在观察螳螂,他发现昆虫非常有趣。

老师知道,这场心灵谈话已经"赢"了,但并不是"赢了"晓晓,而是"赢得"晓晓,老师获得了晓晓心甘情愿的合作。当孩子觉得被理解时,他们就会受到鼓励,也就更容易听取观点,并努力找出解决问题的方法。

接下来的日子,老师每天都会和晓晓进行"闲聊"。晓晓其实是个"话痨",他非常乐意沟通,分享的内容也越来越丰富,从书本上的小笑话到故事中的小道理,从家里的小白猫到花园里的枯叶蝶。晓晓喜欢自然,经常拣落叶,观察树叶和昆虫。老师想,要以孩子的兴趣为基础,为他设置成功的机会,以此消除晓晓心中对自己的不胜任感,培养"我有能力,我能贡献"的感知。于是,老师给了他一本自然方面的图书,鼓励他可以运用之前学过的"观察日记"记录他的发现。

晓晓如获至宝,将书抱在手里。不久后,他主动拿出自己写的观察日记与老师分享。画得真好!老师想,如果能将晓晓的兴趣爱好在班级中展示出来,不仅会吸引到志同道合的好朋友,也会让他在班级中闪光。于是,老师询问晓晓:"你愿意将你的观察跟小朋友们分享吗？老师也想听听呢。"晓晓毫不迟疑地点了点头。

那次的昆虫演讲，晓晓获得了满堂喝彩。讲台上的晓晓笑着接受大家的鼓掌，眼睛里有了更坚定的光。

渐渐地，晓晓在班级中的正向存在感越来越强。当教室里的垃圾桶没有套上垃圾袋时，他主动和大家分享他的垃圾袋；当有小朋友吵闹时，他甚至会主动提醒他们轻声说话……晓晓原本总是皱着的眉头舒展开了，嘴角上扬的次数也多了。晓晓的朋友渐渐多了起来，课间他还会和别的小朋友一起蹲在教室门前观察草丛中的蚂蚁，他也依然喜欢来与老师分享他的新收获。

孩子们的世界很简单，只需要他人的一点关注和鼓励，他们就能获得莫大的信心。教师不仅是孩子学习上的解惑者，更是孩子人生路上的引路人。主动交流、乐于分享，从来不是单向输出，而是双向奔赴，不仅孩子与孩子之间如此，老师与学生之间更是如此，老师要比学生更先踏出真诚交流的一步，将爱传播至整个教室。

案例说明

一年级小学生入学，需要在小学这个陌生环境中建立归属感和自我价值感，这也是决定他们在学校表现的首要因素，而这些表现又影响他们的人际交往。文中晓晓最初之所以有那些不良行为，就是因为对如何拥有同伴、得到关注和认可有错误的认知，从而造成了一个恶性循环：行为越是惹人厌烦，就会越急切地追求归属感，也就越发令人讨厌……当孩子丧失信心，对自己的行为认知错误，就会导致行为方式所达到的效果与想要的结果背道而驰。老师面对孩子们的错误行为，不仅要及时纠正，还要真诚地和孩子交流，找到孩子行为背后的原因，从而采取最有效的行动，帮助孩子达到他真正的目的。

27. 我是"小队长"

上海市浦东新区浦南幼儿园　孙珈蔚

　　大班的优优是班上很受欢迎的孩子,她性格开朗、行动力强,经常踊跃参加各种活动,并且表现出色。自信的优优是同伴间的"小队长",她的话语在伙伴间很有号召力。但在和同伴的交往过程中,优优却没有那么一帆风顺。
　　户外游戏的场地内有很多的树林区域,优优率先发起了家园保卫战。
　　优优说:"谁要和我一起保卫家园?"
　　天天和乐乐立刻响应号召。
　　优优又说:"那好,现在我是队长,等下你们先去找找看树林里有什么食物,带到我们的家园来,我来负责生火做饭。"
　　"好的,队长!"天天和乐乐说完立刻行动起来……
　　过了一会儿,孩子们玩起了新游戏——"枪战"。户外游戏的宽阔场地刚好给了孩子们放飞自我的机会,他们可以在场地里自由奔跑。天天和乐乐在优优队长的指挥下,利用超轻黏土和木枝组装了一把把小枪背在背上,穿梭在树林里。
　　过了一会儿,豆豆跑来和老师说:"乐乐被天天抓住了。"
　　老师跟着豆豆过去一看,天天正抓着乐乐衣服的肩膀处,乐乐挣扎着,却挣脱不了。
　　"天天,你和乐乐不是好朋友吗?为什么抓着乐乐?"老师问道。
　　天天忙解释道:"他是坏人,优优让我抓住他。"
　　乐乐立刻反驳道:"我不是坏人。"
　　担心两人的拉扯会有安全问题,老师立刻阻止了拉扯的行为,安慰了乐乐一会儿后,老师仔细询问优优情况。
　　优优说:"我们在玩游戏,乐乐来演坏人,我才说抓住他的。"
　　天天也说:"是呀,我们玩游戏。"
　　"你们是在玩游戏呀!那你们有问过乐乐想不想加入你们的游戏吗?他愿意当坏人吗?"老师看着他们俩问道。天天和优优看着老师不说话。老师继续说:"玩游戏之前,要问问别人是不是愿意和你们一起玩,而且别人要愿意当坏人,才可以哦。"

问题刚刚解决没多久，优优、天天和乐乐再次发生了争吵。

天天说："昨天也是你当队长的，你都当了好几次了，该换我当了。"

乐乐附和道："是呀！你都当了好几次了。"

优优说："可是你们都当不好队长的，队长很难当的。"

眼看意见不合，天天说："那我不和你玩了。"

优优听到后，也赌气说道："那我也不和你玩了。"

天天听后，转身就和乐乐去了另一片场地。

眼看他们离开，优优也转身背对他们，自顾自玩了起来。但是没过多久，优优就无所事事地游走在场地中。

老师走到她的身边，问道："咦？今天你怎么没和天天、乐乐一起玩。"

优优说："他们不和我玩了。我也不想和他们玩，我一个人玩也很开心。"

老师追问："为什么呀？"

优优说："我想当队长，天天也想当队长，可是他根本不知道队长要做什么，肯定当不好队长的。"

老师没有立刻反驳她，只是问道："那你还想和天天他们一起玩吗？"

优优想了想，点点头说："想。"

进行游戏分享的时候，老师鼓励优优将今天游戏时遇到的问题说出来，问问大家有没有什么好方法，能让优优和天天、乐乐重归于好。

豆豆说："可以你们三个都当队长呀！优优可以是滑梯区域的队长，天天是滑索区的队长，乐乐是长廊那里的队长。你们到了滑梯那里就要听优优的，到了滑索那里就要听天天的。我们家里就是厨房归奶奶管，吃什么听奶奶的。"

欢欢说："如果天天和乐乐不知道怎么做队长的话，优优可以当小老师，教他们呀。"

优优想了片刻，说："好。"天天和乐乐也都纷纷认同，很快他们又玩到了一起。

经过在幼儿园与同伴两年的相处，大班孩子有了一定的交往意识，也已经有了相对稳定的朋友圈。由孩子们自主自发地组成小团体进行活动的形式是大班幼儿交往时经常出现的情况，但是团体活动往往也伴随着合作交往，这无疑是对大班孩子的挑战。对于缺乏交往经验的孩子来说,成人的引导非常重要。

1. 观察,了解幼儿交往现状

优优作为团队里的"小队长",她有很强的行动力和清晰的任务分配意识,孩子们在和她一起游戏的时候能够清楚自己的任务是什么、这个游戏如何开展,因此孩子们愿意追随优优。然而,孩子们从喜欢和优优玩,到不愿和优优玩,这背后的原因需要成人细心观察和捕捉。

观察是了解儿童的重要方法。成人需要蹲下来,站在幼儿的角度来观察,真正了解幼儿,理解幼儿的交往习惯,分析幼儿的发展水平,从而发现幼儿交往过程中的闪光点,探寻幼儿交往中出现的行为所表达的含义。

2. 倾听,尊重幼儿交往需求

优优只享受当队长的感觉,在小团体中要求小朋友都听他的命令,忽略了别的小朋友的感受,乐乐并不愿意在游戏中扮演坏人的角色,优优却依然让同伴把乐乐抓住。

在弄清事件背后的原因后,成人可以用提问引导的方式和优优交流。从孩子的回答来看,他们还沉浸在自己的游戏中,成人要尝试引导孩子们换位思考——如果别人强迫你做你不想做的事,那你会有什么样的感受?从孩子的回应来看,显然他们也发现了自己行为的不恰当。通过这次引导,幼儿能更多地关注他人的感受,游戏时也多尝试与伙伴沟通协商,促进幼儿与同伴友好相处。

在户外游戏活动中,有时无法观察到孩子们交往过程中的所有细节,倾听孩子们的语言和想法是能了解到孩子内心需求的最直接的方式。在面对孩子们的冲突时,不要急于主观地做出判断。尊重幼儿,给孩子们一个解释的机会,了解清楚事情的前因后果再做判断,才能走进幼儿的情感世界,理解幼儿的交往需求。

3. 支持,培养幼儿交往习惯

优优是很有主见的孩子,当发现伙伴都不认同她的观点时,优优的好胜心就爆发了,不愿意向同伴低头。但是从她的回答可以看出,她还是很想和天天、乐乐一起游戏的,只是想不到两全其美的方法。于是老师鼓励优优将问题抛给大家,通过同伴的集思广益帮助优优解决问题,也希望优优能够向同伴学习,在遇到问题的时候,能够积极动脑,不要急于否定别人的想法。

同伴交往中常常会出现意见不合的情况,孩子们往往会以自我为中心,注重自己的感受,否定他人的想法。这个时候或许成人不必着急过多地干涉,而是给孩子们提供一个平台提出问题,把解决问题的任务交给孩子们,或许孩子们能给到意料之外的两全其美的方法。过程中,孩子们的主动交流、经验分享也能成为难得的经历,促进幼儿学会与同伴交往,养成与同伴友好互助的交往习惯。

在矛盾冲突中学会"设身处地"了解他人的感受。《〈3—6岁儿童学习与发展指南〉解读》中指出:"人际交往过程中,教师应该恰当地利用交谈、讨论、同伴冲突等机会,鼓励幼儿说出自己的想法和感受,提醒幼儿注意、了解别人的渴望、情绪和意见。"作为教师,在幼儿发生矛盾冲突时,应让幼儿自己去处理,要信任幼儿自己有能力处理好冲突,不动声色地观察他们的言行,或从侧面了解他们发生冲突的原因,尽量不要干预他们。如果幼儿解决不了,教师要引导他们分析问题,学会"设身处地"了解他人的感受,或者学会考虑自己的举动对别人的影响,以此来调控自我行为。

除此以外,还有很多方式有助于幼儿良好的交往习惯的养成:

1. 创造愉快的氛围,给予充分的交往机会

培养交往能力,实践是最好的老师,孩子会从环境中观察、模仿,潜移默化地将身边人的交往习惯运用在自己的交际圈中。给予孩子充分的空间、时间,不要急于帮助孩子渡过"难关",试错何尝不是一种独特的经历?

2. 接纳孩子的情绪,关心孩子并适时疏导

在交往面临阻碍时,孩子很容易出现生气、愤怒、不安、惶恐等负面情绪,在无法疏解自己情绪的情况下,孩子需要更多的安慰和鼓励。要耐心帮助他们走出负面情绪,给足安全感。鼓励和支持,是面对困难最大的勇气。

3. 借助多样的方式,理解何为"换位思考"

"换位思考"对幼儿园的孩子来说是一个陌生的词,因此具体的情景、亲身的体验、直接的感知往往更利于孩子理解换位思考。可以与孩子进行场景模拟,帮助孩子站在他人的角度理解别人的想法和感受;也可以通过和孩子一起观察别人的表情、行为来理解别人。

案例说明

当幼儿在角色扮演或者小组活动时,角色身份的差异和个人性格的不同,会导致幼儿之间的交往不平等。本案例的优优就是一个在活动中抢着要当队长而略微凌驾于他人之上的幼儿,老师的引导和合理分工,使这些小朋友最终沟通协商、和谐相处。一个愉快的环境是幼儿幸福成长的必要条件,这既要满足幼儿的情绪,又要让他们站在他人的立场上思考问题,还需要老师在其中协调。所以,幼儿之间的友好交往离不开老师的适度干预。

28. 不再被拒绝的优优

上海市浦东新区东方尚博幼儿园　任培晓

优优是一个刚转学来的大班小男孩,才来没几天,就暴露出他的难以相处以及与同伴格格不入的性格,甚至出现了攻击性和破坏性的行为。刚加入新集体的优优,在一日活动的各个环节均出现了不同原因引起的同伴交往问题,矛盾冲突的对象涉及不同幼儿,班中大多数幼儿开始对优优敬而远之。而同伴的态度又进一步加剧了他不友善的态度和行为,事情一下子陷入了恶性循环的状态。优优就像一只浑身竖起尖刺的小刺猬,写满了无声的"生人勿扰、闲人莫近"的抗拒。

这一天,优优一大早就兴冲冲地奔进教室,当他发现心仪的值日生牌已经挂在了同伴天天身上,脸上的兴奋和期待一扫而光,他双手攥紧拳头,怒目盯着天天,随之以迅雷不及掩耳之势冲上前去抢值日生牌。将一切看在眼里的老师蹲下来对优优说:"优优,老师看你非常想要当整理的值日生,说明你是一个很想为大家服务的好孩子。假如今天你当值日生,是不是更要以身作则,遵守班级制定的规则?那你觉得刚才自己做得对吗?接下来你应该怎么做?"优优低下了脑袋,拽紧值日生牌的手慢慢松开了,犹豫了一会儿后终于下定决心,将值日生牌还给了天天,嗫嚅着说了一声:"对不起。"老师摸了摸优优的头:"优优真是个知错就改的好孩子。"天天也很友好地说:"没关系的,今天就让你当值日生吧。"

户外运动前,孩子们整队准备下楼了,因为优优是值日生,完成整理椅子的任务后,队伍第一个的位置早就被人捷足先登了。只见优优快步上前,默不作声地插到站在队伍第一个的欢欢前面,迅速拉住老师的手。欢欢提出抗议,优优梗着脖子不予理睬。老师笑眯眯地牵起优优的手,悄声在他耳朵边说道:"优优,老师知道你想排在第一个是因为想牵老师的手,现在你们长大了,不需要再牵老师的手了。今天你是值日生,老师也知道你是一个很负责的孩子,所以老师还要把一个很重要的任务交给你,你能排在队伍的最后,帮我提醒排在后面的同伴跟上队伍吗?"优优得到老师郑重其事的嘱托,马上主动跑到了队伍的最后,一场同伴之间的纷争瞬间消弭了。

可惜好景不长,集体教学活动之前,相似的场景再次出现。自优优转来以后,马蹄形座位角落的位置是他认定的专属座位,今天正好豆豆先坐到了这个位置上,优优无视旁边的空座位,默不作声地站到了豆豆背后,两只手用力往后拉椅背,眼看着豆豆就要摔跤了。老师连忙拉住了优优,并请豆豆一起到旁边的角落里谈话。老师问豆豆:"豆豆,你知道优优为什么要拉你的椅子吗?"豆豆摇了摇头。老师又问优优:"优优,你喜欢坐在这个位置对吗?"优优轻轻点了点头。老师又引导道:"你喜欢坐在这里,豆豆已经先坐下了,你想让他把这个位置让给你,其实有很多办法,但是都需要你把你的想法说出来,你一声不吭自己生闷气,豆豆连你为什么生气都不知道,这个问题是没办法解决的。现在你能把你的想法对豆豆说一下吗?"优优嗫嚅着说:"豆豆,我喜欢这个位置,你能不能把它让给我?"豆豆很贴心地说:"可以啊,你是新朋友,我应该照顾你的。"

建构游戏时,优优和萌萌一起合作搭积木,只见优优趁萌萌转身取积木的时候,猛地狠狠将萌萌搭好的城堡推倒在地,推完后转过身气嘟嘟地站着。萌萌反应过来后哭着要优优道歉,优优置之不理,反而自己也委屈地哭起来了,一边哭一边说:"我跟萌萌说搭停车场,她非要搭城堡。"老师安抚了优优和萌萌,等他们停止哭泣后,问道:"现在你们都觉得自己很委屈,萌萌觉得自己辛辛苦苦搭的城堡被推倒了,优优觉得萌萌没有按照自己的想法搭停车场。那么老师问你们,你们是合作一起搭,刚才你们意见不一致,一个想搭城堡一个想搭停车场。这个矛盾有什么好的解决办法?"萌萌说:"可以商量,可以猜拳决定,也可以轮流。"老师点头赞同:"对的,这些方法都可以使用,那萌萌你觉得你刚才有没有做错的地方?"萌萌想了想:"刚才我和优优意见不一样,可是我不管优优的想法,只顾自己搭城堡,这是我不对。"优优听到萌萌主动认错,态度也逐渐放软,但是仍然没开口认错。老师又跟优优说:"优优,如果你是萌萌,你辛苦搭建的作品被别人故意推倒了,你的心情会怎么样?你希望人家跟你道歉吗?"优优想了想,终于主动和萌萌说了对不起。

为了帮助优优更好地进行同伴交往,教师采取了一系列措施:

首先,寻求家长的助力,深入分析交往问题——"小尖刺"形成的原因。优优敏感执拗,缺乏安全感,爱黏人,语言发展相对迟缓。家中老人对其百依百顺,造成他以自我为中心,遇事容易钻牛角尖,不开口说话僵在那里就是他发脾气的征兆。

教师又进一步剖析:本班幼儿已朝夕相处两年,形成了相对稳定的同伴关系,优优作为一个外来者,要融入集体本来就要面临诸多困难。加上优优严重以自我为中心,性格敏感缺乏安全感,又不愿和不善用语言进行沟通,以致他在同伴交往中的问题更加凸显。

其次,润物无声,改善优优与同伴交往的行为,共情接纳,用爱、包容和专业去慢慢柔化他的"小尖刺"。

对于像优优这样以自我为中心的孩子,初入新环境,教师要充分理解和包容他对陌生环境和同伴的适应节奏,多给予关注,哪怕一个微笑、一个拥抱、一句鼓励、一次闲聊,都能让他们从教师这里获得安心,汲取力量。即使他们出现了一些不适宜的行为,教师也不要过多地批评和指责,从而慢慢建立师生之间的信任。这样,他们才比较愿意配合教师,愿意在教师的引导下主动进行亲社会行为的尝试。

再者,投其所好,寻找适合的切入口以理说服。优优是一个喜欢阅读而且比较明事理的孩子,因而,教师有意识地在班级的阅读角投放了同伴交往主题的绘本,如关于社交主动性的《我有友情要出租》《小白找朋友》,关于亲社会行为的《两个好朋友》《鸭子说:"不可以"》,关于社交障碍的《大脚丫跳芭蕾》《兔子先生的麻烦》,以及关于语言和非语言交往能力的《敌人派》《南瓜汤》等。

教师也总结了优优在同伴交往中发生冲突的类型,将每一类问题,对应绘本的情节,让优优在阅读绘本中学会辨识自己的各种同伴交往问题,和优优一起回溯自己曾经经历过的同伴交往的情境,帮他一起总结、归纳同伴交往知识和技能,予以迁移和内化。

最后,教师尝试运用心理学上的正向强化和负向强化去增强优优同伴交往的能力,降低他破坏和攻击性行为的频次。教师在优优可以达成的同伴交往"最近发展区"对他提出要求,小步递进,便于他达成同伴交往技能小目标。同时,教师在帮助优优的过程中,即使优优的状态时有反复,也一如既往保持理解和支持的态度,不断发现优优的点滴进步,予以鼓励表扬,让优优从教师的话语中去建立行为标准,哪一些是要努力克服的,哪一些是需要继续保持并改进的。

教师又利用优优自尊心强的性格特点,让他来当老师的小帮手,加强他在与他人交流沟通过程中的语言表达、情绪控制和同伴交往技能。教师也适时在同伴面前不断表扬优优的进步,让他获得成就感和满足感,增强自我控制的动机。

案例说明

与人交往的关键在于为他人着想,幼儿处在成长的初期,他们往往以自己为中心,缺乏沟通能力,教师可以采用沟通交流、共情接纳、以理说服、行为矫正等方式进行引导和支持。正因为家长的配合、对教师的信任,以及教师的理解、包容和不放弃,优优在大班最后一年幼小衔接的关键时刻不断尝试、调整,不仅顺利融入了我们这个班集体,而且在同伴交往中也越来越善于控制自己的情绪和行为,学会运用恰当的语言和行为与同伴进行沟通和交流。相信他会带着这些宝贵的同伴交往技能升入小学,顺利地适应接下去的小学生活。

第八部分　运动（活动）习惯

29. 小弄堂也能练技能

上海市浦东新区南汇外国语小学　董丹城

晓晓是一名刚进入小学的男孩子,性格活泼开朗,最喜欢踢足球,可是爸爸上班特别忙,总是不能陪晓晓玩。但是晓晓有一个好方法,无聊时会看爸爸推荐的动画片《足球小将》。晓晓特别喜欢里面的大空翼,他真的好厉害,晓晓也想成为和大空翼一样的足球小将。说实在的,爸爸足球踢得很棒,就是没时间带晓晓一起踢足球,所以晓晓对爸爸又爱又恨,爱他球技超群,恨他没时间陪伴,慢慢地晓晓不想和爸爸说话了。

今天有一节晓晓最喜欢的足球课,体育老师教小朋友们足球脚内侧传球动作。在学习动作之前,老师先给小朋友演示了老上海小弄堂的图片,但是晓晓没心思去听老师讲什么,一心想快点踢足球。老师一眼就看穿了晓晓的小心思,马上强调这个小弄堂会帮小朋友更好掌握脚内侧传球动作,想要足球踢得好,这个传接球动作一定要学好。晓晓一听,马上竖起耳朵,听得特别认真,下定决心要把这个动作学好,回去后就能和爸爸互相传接球了。

看到老师展示的又小又窄的弄堂,晓晓心里想:以前的小朋友在这样的环境里是如何玩的？更何况踢足球要一个大空间,这样怎么练脚内侧传球动作？随着老师继续讲下去,晓晓终于知道老师搭建小弄堂,是为了让足球在小弄堂里传来传去,如果能做到球不碰弄堂墙壁,说明传球路线正确。晓晓觉得这是个好办法,他想:一定要掌握这个动作技能,回去给爸爸秀一下,给他一个大大的惊喜。

接下来老师拿出一些瑜伽砖,给小朋友们示范搭建了一个小弄堂,两侧各用5块瑜伽砖连接成墙壁。晓晓问老师:"搭建小弄堂这么简单？"老师微微一笑,回答说:"对啊,就是这么简单,你在家也能完成,可以利用家里任何物品,把它们连接起来就行,不管学什么,只要能合理运用物品,都能帮助我们更好掌握动作技能。"这时晓晓才恍然大悟,原来练习踢足球这么简单！接下来,晓晓就开开心心地按照老师的要求去做了。

老师首先给小朋友们搭建了1米宽的小弄堂,晓晓与好朋友晨晨按照要求站在弄堂两端,用脚内侧传球完成互相传接球,虽然球传得有点斜,但还是能轻松传给对方。几分钟后,老师把宽度调节成80厘米,小朋友传的球差点碰到弄堂墙壁,不过还是能勉强完成传接动作。当老师把宽度调到60厘米时,两个小朋友老是把球踢到墙壁上。晓晓疑惑地看着老师说:"为什么每次球都会碰到墙壁?"晓晓一脸期待地等着老师告诉大家小妙招,老师微微一笑说:"这是因为你们在传接球时不看对方,只看自己脚下的足球,这样传出去的球会倾斜,自然就会碰到墙壁了。"

原来脚内侧传球时脚弓需要正对着目标,这样才能精准将球传到目标位置。老师拿出了6个保龄球瓶放在了弄堂一端,让小朋友用脚内侧传球动作打保龄球瓶,看到能玩游戏了晓晓更开心了,不过他及时压住自己的兴奋,轻轻地问老师:"老师,我家没有保龄球瓶,但是我想和爸爸一起玩,在家能不能用空水瓶代替保龄球?"老师立马对晓晓竖起大拇指:"你真棒,会举一反三,不过要记住需要用塑料瓶,不能用玻璃瓶,要不瓶子碎了会有危险的。"在老师的表扬下,晓晓开心地去打保龄球了。

一开始,足球总打不到保龄球瓶,或者只能打中一两个,就是不能全中,后来晓晓想到老师说眼睛要看着目标,脚弓也要对着目标方向。于是,晓晓集中精力看着第一个保龄球,默念动作要领,一脚踢出,一下打中四个,晓晓开心地跳起来,接着,晓晓练习了一次又一次,慢慢地掌握了要领,全中概率也大大提高了。

这时老师把保龄球瓶拿掉,弄堂宽度调到了50厘米,晓晓心里十分忐忑:刚刚60厘米都碰到墙壁,现在换50厘米,那不是更要碰到墙壁了?晓晓怀着一颗忐忑的心尝试了一下,不料球精准地传到了晨晨脚下,晓晓张大了嘴巴,心想自己怎么一下子这么厉害了!估计和晓晓一样想法的小朋友有很多,老师看到小朋友们的表情说:"没想到自己这么厉害吧,因为你们眼睛学会了找目标,加上掌握了动作要领,所以能够在更高难度的情况下轻松完成任务。接下来能够不碰墙壁的同学可以挑战一下40厘米宽度。"每位同学都跃跃欲试,想看看自己能不能更厉害一些,结果很多同学都成功了。

当天晚上回到家里,晓晓放下书包立即找出几个小盒子,准备布置场地。他想挑战高难度,于是搭建了一个40厘米宽的小弄堂,再找了几个空瓶子做保龄球瓶,一切都布置好之后,等着爸爸下班回家。听到爸爸开门的声音,晓晓迅速把爸爸拉到客厅,给他展示脚打保龄球的绝技,爸爸看到晓晓全中,立马表扬晓晓厉害。晓晓和爸爸说:"我今天上课可认真了,不光学会了脚内侧传球动作,还学会了如何布置场地,以后我布置好场地,爸爸和我一起玩吧。"爸爸欣然答应了。

在后续的足球课上,晓晓越来越认真,就是想把老师布置的场地搬到家里来。

晓晓逐渐学会了巧用器材,利用家里各种物品布置成运动场地。现在爸爸下班空余时间就和晓晓一起布置场地,一起运动,晓晓和爸爸关系越来越好,成了无话不说的好朋友。

案例说明

小学低年级体育活动提倡趣味化,单纯的体能、技能训练不适合低年级学生,但趣味活动离不开场景的布置,让小朋友在特定的场景中练习体育技能是一种不错的做法。本案例中的教师让小朋友练习脚内侧传球动作并非在正规的足球场,而是用几块瑜伽砖搭建了"小弄堂"场景,并且弄堂的宽度随着练习的难度而变小,从而逐步提升小朋友传球的技能。这种自己设计的"小弄堂"操作简单,练习效果好,自然就可以搬到家里,通过亲子游戏,达到锻炼的效果,同时也加深了家长和孩子之间的亲密关系。

30. 运动促成长

上海市浦东新区明珠小学　杨　毅

晓晓上小学之后脸上总是挂着灿烂的笑容，他的笑声总能在校园里回荡，给大家带来无尽的快乐和活力。体育课上，他总是最活跃的一员，积极参与各项体育活动，并乐在其中。但在这"活力四射"背后，却隐藏着一个令人担忧的问题——安全意识。

晓晓的安全意识较弱，他总是在玩耍和运动时忽视了自身的安全，也经常无视使用和摆放体育工具的正确方式。有一次，他在玩球的时候，由于过于兴奋，未能注意到自己的周围环境，把球踢出了球场，影响到了其他班上课的同学。还有一次，他跑步速度较快，没能及时停下来，直接撞到了墙上。这些经历都让老师深感晓晓的安全意识有待提高。

体育老师着急了，如何让晓晓能在享受运动快乐的同时，也能意识到运动安全的重要性？老师觉得体育课不仅仅是传授知识，更重要的是引导学生形成良好的习惯，培养他们的综合素质。老师一直在想，或许能找到一个既能让晓晓尽情释放活力，又能确保他活动安全的好方法。

老师开始为接下来的一次体育课精心准备。他翻阅教参，研究各类运动项目，挑选出既能让孩子们全身心参与，又能让他们在游戏中学习到安全知识的运动，精心设计了活动的规则，旨在培养孩子们的团队精神和自我保护意识，提升他们在紧急情况下寻求帮助的能力。

老师盼望着这节课的到来，期待看到晓晓和其他孩子在运动中的表现，更期待看到他们的成长和进步，这不仅仅是一节体育课，更是一节关于习惯养成和孩子健康成长的课。

这一天，金色的阳光洒落在操场的每一个角落，整个操场染上了一层细腻的金黄色。这节课老师为孩子们设计了一个挑战性的游戏——"穿越障碍"。游戏开始前，所有学生聚集在老师周围，听老师详细介绍游戏规则："孩子们，今天我们将进行一场有趣的游戏，名为'穿越障碍'。这个游戏需要运用灵活的身体和机敏的头脑，穿越各种复杂的障碍物，同时还需要善用球技。每个人拿着一个球，从起点开始,穿越障碍,最终将球安全地放在终点处。在游戏开始之前,老师会为大家详细解释每个障碍的特点以及如何安全有效地通过它们。记住,尽管这是一场竞赛,但安全和互助同样重要。如果遇到困难或意外情况,随时向老师寻求帮助。"

孩子们一个个挺直了胸膛,聚精会神地听着老师的讲解,眼中闪烁着好奇和兴奋的光芒。老师能感受到他们的期待,知道他们渴望展示自己的能力,同时也希望从游戏中学到一些生活的道理。

老师站在一旁,特别关注晓晓在这节课上的表现。只见晓晓的眼神充满着自信和活力,双手紧握着球,期待着挑战开始。老师吹响了哨子,晓晓犹如离弦的箭一般,迅速冲向第一个障碍。

晓晓的速度快得让人惊叹,他展现出出色的灵活性和果断的决策能力。他像一阵风一样,迅速穿越第一个障碍,紧接着是第二个、第三个……他的速度越来越快,阳光下的身影非常耀眼。然而,老师也开始担心起来,晓晓在穿越障碍时,并没有按照老师之前教导的方式正确使用和摆放球。他猛地向前冲去,只顾着追求速度,似乎忘记了运动的安全因素。

正在老师对晓晓的安全感到担心时,意外发生了。晓晓在通过一个障碍时突然失去了平衡,身体向前倾斜,猛地摔倒在地。他手中的球也滚出了赛道,直滚向操场的一角。老师立刻扔下手中的哨子,迅速朝他跑去。晓晓躺在地上,眼中充满惊恐。他呼吸急促,额头上的汗珠在阳光下闪闪发光。老师一开始觉得事情非常紧急,但看到晓晓的状态时,略微松了口气,因为在晓晓摔倒的瞬间,他并没有忘记老师之前的教导,用手尽力保护自己的身体,避免了更严重的伤害,同时他也没有忘记向老师求助。晓晓看到老师来了,紧紧拉住老师的手,眼神中流露出对老师的信任和依赖。

老师蹲下身子,温柔地对他说道:"晓晓,没事了,你做得很好。你记得老师之前讲过的保护自己的方法,你已经很棒地运用了。现在,让我们一起慢慢站起来,检查一下有没有受伤。"晓晓点了点头,紧紧抓住老师的手,一同慢慢地站了起来。

每一场游戏,无论胜败,都是对孩子们价值观的塑造,也是对他们独立思考和处理问题能力的锻炼。每一次摔倒,都可能让他们学会如何更好地站起来。相信晓晓和其他孩子们都会从这场"穿越障碍"的游戏中学到更多,成长得更好。

这个案例让老师深刻地理解了,通过活动的方式可以更有效地教导学生如何在运动时保护自己和他人,正确使用和摆放工具,以及在遇到危险时怎样求助。晓晓从一开始冲动和无视规则,到后来接受指导和懂得保护自己,这样的转变不

仅是他在体质和协调能力上的提升,也是他在生命安全意识上的成长。这个过程给予教育者三点重要的启示:

(一) 教育应注重实践

1. 实践的重要性。教育的真正力量并不在于课堂上的理论教导,而是在于实践中的体验学习。就像晓晓的例子,虽然他之前听过老师对安全的讲解,但他并没有完全吸收。然而,在实践中经历后,他才真正理解了安全的重要性。

2. 结合理论和实践。在未来的教学中应更加重视理论和实践的结合。理论教学为学生提供知识的框架和基础概念,让他们理解学科的核心原理和概念。同时,也应注重实践活动的设计和实施,让学生通过实际操作和体验,将理论知识应用到实际情境中。这种结合能够帮助学生巩固所学知识,培养他们的实际操作能力和解决问题的能力,使他们在学习中更具深度和广度。

(二) 教育应关注个体差异

1. 认识个体差异。每个学生都有独特的性格和特点,教师应该积极观察和了解每个学生的个性。以晓晓为例,他热爱运动,充满活力,这是他的特点,也是他的优点。教师可以通过引导他参与体育活动、培养他的领导能力,让他在运动中展示自己的才能。了解学生的个性特点并针对性地引导,将有助于激发他们的潜力,并帮助他们在学习和发展中取得更大的成就。

2. 提供个性化的指导。提供个性化的指导是非常重要的,因为每个学生都有自己独特的学习风格、兴趣和发展需求。通过了解每个学生的个体差异,教师能够为他们提供量身定制的教学方法和资源,以满足他们的学习需求,并帮助他们充分发挥潜力。这种个性化的指导将有助于提高学生的学习效果和自信心,促进他们在学业上的持续成长和成功。

(三) 教育是一个需要耐心和时间的过程

1. 成长需要时间。每个学生的成长都需要时间,教师不能期望他们一下子就能理解和掌握所有的知识和技能。就像晓晓,在这次活动中虽然摔倒了,但这次的经历会让他更深刻地理解安全的重要性。这个经历会成为他成长道路上的一个重要教训,让他在未来的活动中更加注意安全,学会如何保护自己和他人。教师要给予他们时间和支持,帮助他们从失败中学习,逐步成长和进步。

2. 教师的耐心和引导。在今后的教学中,教师应更加耐心地引导每一个学生,给予他们足够的时间去理解和掌握知识。要鼓励他们提出问题,积极参与讨论,并提供个性化的指导和帮助。每个学生都有不同的学习节奏和理解方式,教师应尊重并适应他们的需求。通过持续的指导和支持,相信每个学生都能发掘出自己的潜力,取得进步和成功。

案例说明

　　小学阶段是培养学生养成良好体育习惯的黄金时期,小学生的年龄比较小,所以可塑性比较强,相对容易引导他们养成良好的体育习惯。本案例中的体育教师能好好把握住这一关键时期,增加与学生之间的交流和互动,充分了解学生的兴趣爱好,然后开展具有针对性和目的性的教育,激发学生的体育学习兴趣,使他们养成了良好的体育习惯。

31. 戴好护具保护自己

上海市浦东新区东方德尚幼儿园　王希凡

一天,小朋友的溜冰课程开始了。大家坐在椅子上穿好护具准备去上课,老师在一旁加以指导。不一会儿,大家都准备好了,老师组织大家在班级门口排队,准备去溜冰教室。就在这时,乐乐大声说:"老师,优优还没有穿好溜冰护具就排队了。"优优反驳道:"没关系的,我不会摔倒的。"天天提醒她:"要穿护具的,我们每次都穿好护具溜冰的呀。"这时其他小朋友们都看着优优,优优才红着脸说:"老师,我今天忘记带护具了,能不穿吗?"老师告诉优优:"我这里还有备用的,今天先穿备用的,等明天记得把自己的护具带到幼儿园来哦。"优优拿着老师递给她的护具,坐在位子上把护具穿好了。

小朋友们嘴上说穿护具很重要,可面对护具的时候又不愿戴。说明孩子们有关保护自己的安全意识与行为不匹配,有必要通过相应的安全活动进行干预指导。为此,老师组成课程教研小组,围绕着安全教育设计了"戴好护具保安全"的活动。

第二天,老师打印了很多有关交通规则的图片放在了图书区域,很快引起了小朋友们的关注。优优看到图书区有这么多之前没有看到的图片,拿起一张进行观察,她拿起一张小朋友不走人行横道的图片,说道:"这个小朋友怎么不走人行横道?人行横道就在旁边呀,多危险呀!"天天听见优优的疑问也走过来和优优一起看:"我来看看你发现了什么。"天天看了图片回应道:"是的,为什么他不走人行横道?会出车祸的。"小朋友们听到他们两个的讨论,纷纷围过来观察其他图片,豆豆拿起一张说:"快看,这个小朋友乱闯马路,明明是红灯,他却从马路上跑了过去。"晨晨也拿起一张图片说:"这个小朋友没有穿好护具就溜冰,摔倒后磕坏了膝盖,都流血了。"优优把头转向晨晨说:"是的,还好我在溜冰课前穿好了护具。"……孩子们看着这么多图片,七嘴八舌地议论着。优优又发现了一张图片,这张图片是一个小朋友穿好护具在溜冰,头上戴着头盔,腿上绑着护具,她说道:"这个小朋友头上戴着头盔,很好嘛,保护了自己的安全。"天天回应道:"我在小区里溜冰的时候都会戴好我的护具,我的护具是蓝色的。"老师在一旁静静地听着小朋友们的对话,从他们的谈话内容可以看出,小朋友们对这些图片很感兴趣,能够说出自己的想法,他们知道哪些图片是违反了规则,哪些图片是遵守了规则。为了让幼儿继续探索安全的意义,老师让小朋友们放学后观察一下人们骑车戴头盔的情况。

第三天,在自由活动时老师向幼儿提问:"昨天,你们在马路上有没有看到骑车的人,他们戴头盔了吗?"优优说道:"我看到好多人都不戴头盔。"欢欢说道:"我也看到很多人不戴头盔。"天天回答道:"马路上有些人戴头盔,有些人没有戴头盔。"萌萌说道:"戴头盔很重要,我们应该戴头盔。"老师追问:"为什么头盔很重要,骑车的叔叔阿姨却不戴呢?"优优说:"戴头盔太麻烦了。"天天点点头同意优优的回答。幼儿在课后做了关于戴护具保护自己的情况调查,老师组织大家进行了讨论,在讨论中幼儿知道了戴护具保护自己的重要性。幼儿用语言表达自己的想法,却不知道安全教育是否已经真正地深入他们的思想中,于是老师和幼儿进行了实验活动。

第四天,老师拿了许多鸡蛋、纸巾、布、棉花、湿巾、塑料膜和小头盔来到幼儿园,把这些材料放到了科学探索区域。优优看到科学探索区域有这么多的新材料很是好奇,她摆弄着鸡蛋,不小心一个鸡蛋从桌子上滚下来打碎了,"哎呀,鸡蛋摔坏了。"豆豆连忙看向这边:"怎么回事?发生了什么事情?"这时许多朋友围了上来,优优说:"我在玩这里的鸡蛋,不小心把鸡蛋打碎了。"天天说:"鸡蛋为什么会在这里?"小朋友们陷入了思考,这时优优说:"我知道了,这里除了有鸡蛋,还有一些材料,你们看,有纸巾、布、棉花、湿巾、塑料膜和小头盔呢!"天天说:"我来试一试。"他选择了棉花,把棉花包裹在鸡蛋的外面,又拿来了胶带缠绕了一圈又一圈,把包好的鸡蛋摔在托盘里,鸡蛋又碎了。天天有些沮丧:"怎么回事?鸡蛋又碎了。"优优说:"是不是你没有绑好鸡蛋呀?"于是,她拿来了鸡蛋和另一种材料塑料膜,把塑料膜缠到鸡蛋上,然后把鸡蛋摔在了托盘中,鸡蛋还是碎了。萌萌在一旁看到鸡蛋又碎了,她也加入了实验。老师看到萌萌拿起一个鸡蛋和小头盔思考着,萌萌说:"这里还有一个头盔呢!"她把鸡蛋放在头盔里,头盔鸡蛋滑落在托盘中,鸡蛋只是出现了裂缝,萌萌笑着说:"鸡蛋没有全部碎掉呢,鸡蛋只是碎了一点。"老师向孩子们提问:"为什么鸡蛋放在棉花和塑料膜中摔碎了?放在头盔中却没有全部碎呢?"萌萌回答说:"头盔保护了鸡蛋。"天天说:"棉花太软了,一摔在托盘中就碎了。"优优补充道:"头盔最坚硬,能保护好鸡蛋。"

第五天,老师把几个小朋友的头盔投放到科学探索区域。优优来到这个区域把头盔戴在自己的头上,她怎么戴也戴不好,头盔松松的,下面的绳子并没有拉紧，优优摇晃着脑袋，一不小心头盔从头上滑落下来，她喃喃自语道："为什么头盔还是没戴好？"这时天天走过来说道："这个头盔下面的绳子你拉好了吗？"优优问道："绳子怎么拉好呀？"天天回答说："我妈妈帮我戴头盔的时候，都会拉好下面的绳子。"于是，他把头盔戴在优优的头上，帮助优优调整好头盔的位置，把下面的绳子拉好，说道："你现在摇一摇脑袋试试看。"可是，头盔还是掉了下来，天天又把头盔戴在了优优的头上，这次他把头盔下面的绳子又拉起来，头盔还是没戴好。优优跑去问她的好朋友欢欢，欢欢告诉她："头盔下面的绳子需要扣紧才能不掉下来。"于是，优优又一次把头盔戴在了头上，用力扣紧绳子，摇了摇脑袋，这次成功了，优优开心地和好朋友分享她成功的喜悦。

案例说明

从戴上护具溜冰到戴上头盔到科学探索区域活动，连续几天，在不断的探索中，幼儿知道了保护自己的重要性。无论是运动，还是做科学实验，安全教育一直要伴随全过程，特别是要帮助幼儿增加自我保护的经验，这也是本案例设计的初衷。安全活动开展不只是看安全教育视频、看绘本，也可以加入实验探究，让幼儿更全面地体验安全教育内容。幼儿园开展安全教育，减少幼儿意外伤害的发生，提高其预知危险和自我保护的能力，是幼儿进入小学前必不可少的教育内容。

32. 消防安全大作战

上海市浦东新区东方德尚幼儿园　成　圆

　　天气慢慢凉了,小朋友们不太愿意到户外活动,大部分小朋友宁愿在温暖的教室里做区角游戏。这可怎么办?

　　老师们商量了一个办法,通过一些游戏,让孩子们无意中增加运动量。慢慢地,小朋友们的运动量增加了不少。可是孩子毕竟年龄小,他们在运动的时候,有的坚持不了多少时间,有的反应速度不够快。

　　不久前,幼儿园接到上级通知,要在适当的时候开展一次消防演习。老师们想是不是可以把体育活动与消防演习结合起来,既可以让学生用最快的速度跑到安全区,以训练他们的反应速度,又可以增强他们的安全意识。

　　活动前,老师先和孩子们进行了讨论:如果遇到火灾怎么办?欢欢说:"我们要用湿毛巾捂住嘴巴和鼻子,然后向楼下走。"天天补充道:"走的时候还要弯着腰。"乐乐说:"遇到火灾不能坐电梯,要走安全通道。"这时,老师适时提问:"你们知道安全通道在哪里吗?为什么要走安全通道呢?""有个绿色逃生标志的就是安全通道。"豆豆抢答,"着火的时候坐电梯是很危险的。"讨论中,孩子们积极发言,和同伴分享自己知道的好方法。

　　讨论得正激烈时,火警铃声突然响起。班级中很多孩子还在愣神,天天和优优马上跑到平时放毛巾的盒子前,各自拿起一条小毛巾捂着嘴巴和鼻子,往教室门外跑,边跑嘴里还边喊:"着火啦,快逃呀!"在他们俩的带领下,其他小伙伴纷纷回过神来,跟着一起逃出了教室,逃到了老师们圈定的安全区域,这么一跑,足足跑了一百多米。

　　通过演习活动,老师观察到了幼儿在碰到火警时的真实反应。从活动效果来看,只有少部分幼儿对防火、逃生演习有过一定的经验,对火警铃及时做出了反应,说明他们在防火安全方面有较高的警惕性。大部分幼儿还是需要他人的提醒才能意识到要逃生。在以后的活动中,老师还可以尝试不定时地响起警报,锻炼幼儿听到警报声后及时做出反应,增强他们的安全意识。

　　几天后,自由活动时,班级中的孩子们正分散在教室里玩玩具。老师趁着孩子们不注意,悄悄打开了教室一角的加湿器。不一会儿,教室的角落里飘起了水雾,远远望去,就像着起了火一样。等到"烟雾"越来越多,老师趁机喊了起来:"快看!那里着火啦!教室里着火啦!"孩子们刚开始有些发蒙,左顾右看不知道发生了什么事。听清了老师的话后,他们放下了手中的玩具,自觉到教室门口排起了队伍。

看到此情此景,老师问:"教室里都着火了,你们不怕吗?"天天回答:"怕的呀!""都着火了,你们还要等排好队伍才逃吗?"老师反问道。这时,优优马上反应过来:"快跑呀!着火啦!"她一边喊着,一边带头跑出了教室。其他孩子在优优的带领下呼啦啦地一拥而出,跟着她一路沿着走廊、楼梯,跑到了操场上。

孩子们回到教室后,开展了一场讨论。"刚才教室里的'烟雾',你们发现了吗?""没有发现,我和小龙一直在搭积木。"豆豆回答。萌萌说:"我听到老师说着火了才走的。""你们还记得,火灾发生时,要怎么逃生吗?"老师追问道。"我知道,要用毛巾捂住鼻子嘴巴。""要走安全通道。""要往下跑。"……"那刚才都做到了吗?"乐乐不好意思地说:"忘记小毛巾了。"

这次活动,老师对火灾情境进行了升级,模拟了室内突发烟雾的火灾实景。但是当烟雾飘出时,几乎没有幼儿发现这个情况,还是通过老师的语言提醒进行了一次火灾逃生行动。出现这样的情况,也有加湿器模拟烟雾还不够真实的原因。而通过观察幼儿在面对突发的火灾情况时真实的反应,发现他们还不能把逃生技能很好地运用在实际场景中。

从两次情境创设效果来看,第一次的场景呈现出的效果更好,相对更真实,幼儿能比较直接地感受到火灾的发生,并做出反应。而第二次活动中,通过对发现火灾情境的讨论,发现他们对周围环境的关注力还是比较弱。究其原因,一是幼儿大多数都沉浸在自己的游戏中,对周围环境不太关心;二是使用加湿器模拟烟雾,缺失烟雾的味道,降低了火灾场景的真实性。

两次活动,幼儿的逃生反应虽然存在一定的问题,但是在老师的教育下,渐渐明白体能训练与生活中处理紧急事件有着必然的联系。两次活动中,幼儿都用到一些基本的逃生技能,第一次活动中,在个别幼儿的带领下使用得比较多,第二次活动中,没有幼儿带头和老师的提醒,使用得较少。其实,经过之前多次的火灾逃生演习和安全集体教学活动,孩子们对于火灾逃生技能是有一定认知的。但是,在第二次活动中没有别人提醒的情况下,孩子们直接往外跑了,没有将理论知识很好地体现在实践中。通过两次活动的开展,可以直观地看到各类幼儿面对突发火灾的表现,能够通过他们的不同反应进行小组式针对性的理论教育或实操练习。

案例说明

  幼儿园设计的运动项目,假如是单纯的体育运动训练,孩子们一定不会坚持太久;如果与具体的场景特别是与生活场景结合在一起,孩子们就能在无意识中既得到体能的训练,又能学会体育之外的知识。本案例就是采用这样的思路设计的,孩子们在紧急情况下的反应是不尽人意的,所以设计了一些生活中真实的紧急情况,让孩子们知道良好的体能有时候可以解决生活中的很多事情。

第九部分　劳动习惯

33. 我是班级值日生

上海市浦东新区周浦小学　贾智芝

开学了,看着班级里的学生渐渐适应了新学期的校园学习生活,老师欣慰地点起了头。忽然,当她看到满地的小纸屑像雪花一样撒在地上,她又像小朋友手里摆动着的拨浪鼓一样一个劲儿摇起了头。终于,老师不得不在班级里宣布了一条规定:每日午餐过后,需要两位值日生进行班级大扫除,每天的值日生就由两位学生按学号轮流担当。你们知道吗,在大人们看来,值日也许是一件非常不起眼的"工作",但孩子们对承担这份"工作"的自豪感和责任感,却着实让人感动。当然也有例外,那就是班级里公认的"小邋遢"——晓晓。

大家都吃完午饭了。看,晓晓和豆豆也要开始打扫卫生了。只见豆豆摆出了平日里管理班级的架势,拿起扫把递给晓晓,又用手一指,说道:"你去扫第三、第四组,第一、第二组我负责。"说罢,两人各司其职,开始了手头的值日工作。没过一会儿,豆豆就将第一、第二组打扫得干干净净。而晓晓呢?呀,他负责的第三、第四组桌子凳子依旧乱七八糟,一点儿也不整齐;用过的餐巾纸,美术课剪剩下的卡纸,还有掉落在地上的橡皮、铅笔,随处可见;不仅如此,周围的同学还发出了一阵阵埋怨:"老师,他用扫把扫我的脚!""老师,我桌子下面的垃圾还没有扫掉呢!"……

老师看看手拿扫把又焦头烂额的晓晓,又看看周围只顾抱怨、看热闹,却什么都没做的同学,又不住地摇起了头,叹起了气。

丁零零,丁零零,班会课开始了。只见老师缓缓走进教室,然后在黑板上写下了一行字:"三月春风处处留,雷锋精神心中留。""小朋友们,你们知道雷锋是谁吗?你们知道3月5日是什么日子吗?"看着讲台下面面相觑的学生,老师继续说道,"雷锋是一名善良且勤劳的解放军战士。今天我们就要来开展一堂关于学习雷锋的主题班会课。"课堂上,老师对雷锋进行了详细的介绍,讲了几个关于雷锋的小故事,最后又讲述了几个我们当代"雷锋"的故事。"虽然雷锋叔叔已经永远离开了我们,但是'雷锋精神'永远留在我们心中。希望大家也能像雷锋叔叔一样,做一个助人为乐、无私奉献的人。"

接下来的一节课,老师带着孩子们欣赏了一部影视作品《雷锋的微笑》。欣赏过程中,学生们被雷锋的言行所感动,有的已经饱含热泪。观影结束后,学生们纷纷诉说了自己的感受。"同学们,看完电影,请你们思考一个问题:教室卫生,该由谁来打扫?"老师清了清嗓子,继续说道,"我相信同学们一定有自己的答案。"

丁零零,丁零零,放学铃声响了起来。老师来到班级走廊前,"咦,放学了怎么没人排队啊?"老师凑近教室一看,只见教室后面整整齐齐地摆放着几十个书包,所有的椅子也齐刷刷地倒放在书桌上。他们在做什么呢?乐乐和欢欢正拿着抹布专心致志地擦着窗台和窗户,一丁点儿灰尘她们都不放过;天天和晨晨正相互配合着排桌椅,可真整齐啊;晓晓和豆豆依然是扫地"搭档",不时还有人过来帮他们……所有学生都动了起来。原来,大家正热火朝天地进行班级大扫除呢。最后,在所有人的齐心协力下,教室变干净了,但在行动过程中,学生们也发现了不少问题,比如:缺少任务分配,有人重复劳动了;教室角落还有不少灰尘;部分桌肚还留有使用过的餐巾纸,等等。"那我们该怎么做呢?"老师将问题抛向大家,学生们纷纷表示要想更好地完成卫生劳动,需要两位值日生的协助和管理。

随着学生逐渐长大,他们的自我意识逐渐形成,他们尝试和帮忙的积极性却不断下降,他们更愿意做自己感兴趣的事情。在他们看来,已经有同学在值日了,自己就可以不去关心班级卫生了。同时,现在的家庭,大多是几个大人围着一个孩子转,孩子处于幼儿期时,定有不少家长都对孩子说过这样的话:"你还小,这些事情不会做。""这些小事情让爸爸妈妈来做吧。"……当孩子想要尝试做一些劳动时,有些家长就会拒绝孩子的参与,理由是孩子太小,怕他做不好。即使有些家长愿意放手让孩子参与到劳动中,但在劳动过程中处处指挥,时时否定孩子的行为。他们会不断地唠叨与挑剔,甚至会埋怨孩子学不会、做不好。对于孩子的劳动成果也有着过高的要求,因此不但没能激励孩子,反而对孩子的劳动心生嫌弃。

坚持"五育"并举的意义在于促进孩子的全面发展,培养更优秀的接班人及新时代的建设者。尤其是劳动教育具有特殊重要性。只有认真开展劳动教育,才能真正促进受教育者德、智、体、美、劳全面发展。但是孩子并非天生就爱劳动,出现不爱劳动的现象是正常的,尤其是刚从幼儿园升入小学一年级的孩子,他们的劳动意识与动手能力都在形成的过程中。因此,培养孩子的劳动兴趣,比教授他们劳动技能更重要。老师还可以建立制度与奖励机制,将"劳动存折"与"班级之星"的评比相结合,设立"值日之星",并坚持"小小值日生"制度,与孩子们一起进行任务分配,遵循恰当搭配、尽量公平的原则,做到分工明确、责任到人。"劳动存折"

的集星活动不局限于校内,在家庭中也一样适用。一学期中,孩子们需要打卡完成"21天劳动小能手养成记"记录表。老师可以要求家长们拍下孩子们在家中劳动的照片,粘贴在记录表中,劳动之后由孩子与家长完成评价,再由老师在"劳动存折"上敲一颗星章,实现家校合作。学期末,利用班会课时间邀请完成"21天劳动小能手养成记"记录表的孩子一一上台和同学们进行经验交流,之后将他们的劳动成果展示在"收获园"并颁发"劳动小达人"奖状。

通过长期开展各项活动,学生以劳育德,涵养品格;以劳增智,启智增慧;以劳健体,强健体魄;以劳鉴美,健全审美。通过老师和家长一系列坚持不懈的努力,学生懂得了"我是班级值日生"的意义。同时,学生逐渐形成了"爱劳动"的理念,提高了自己的动手能力,也学会了和同学们分工合作,充分发挥了自己认真、负责的态度。更重要的是,学生懂得了我们必须弘扬劳动精神,懂得了劳动最光荣、劳动最崇高、劳动最伟大、劳动最美丽的道理。

案例说明

劳动教育是"五育"中的一个方面,从小培养学生的劳动观念、劳动习惯、劳动能力,对于学生的全面发展和健康成长具有重要的意义。本案例从班级值日这件事情抓起,让学生意识到自己是班级集体中的一员,为了班级干净整洁的环境,每一位学生都应该树立付出的意识,并以雷锋为榜样,学习雷锋为人民服务的精神,并且做到对待值日工作一丝不苟,从中体会劳动最光荣的道理。

34. 晓晓劳动成长记

上海市浦东新区第二中心小学　谢舟丽

丁零零，开学啦！今天是晓晓成为小学生的第一天，她迈着轻快的步伐踏入校园。进入班级后，老师亲切地欢迎晓晓的到来，把晓晓领到她的座位上，并告诉她可以把自己的书本和文具整理好，准备上课。

"如何整理？"晓晓产生了疑惑，这可是她从前都没做过的呀，早上还是妈妈帮忙把书包整理好的。"怎么办呢？不管了，就把书都拿出来吧！"晓晓把书包里的书一股脑全拿出来摊在桌子上，桌面上仿佛盖了一座小山，书本也是东一本、西一本的。同学乐乐看到了，跟晓晓说："我们要把书本放在桌肚里，到了上课的时候才拿出对应学科的书。"于是，晓晓就把所有的书又塞进了桌肚里，虽然全部塞进去有点困难，但是晓晓用上"九牛二虎之力"，顺利地把书全部塞进去了。如果此时能瞧一瞧她的桌肚，火眼金睛的你就能发现书本朝各个方向的都有，还有的书角都被压弯了呢！第一节是语文课，要拿出语文书来了，只见晓晓快把头塞进桌肚里了，还是找不到语文书。实在没有办法了，她又把所有书拿了出来，一本本找，一本本翻，终于在最底下找到了语文书，而这时，语文课已经过去好几分钟了。就这样，晓晓每一节课都要在"书海"里找书。

到了午休的时候，老师告诉大家可以把自己的桌面和地面打扫一下。晓晓听到这个消息，又犯了难，"平时家里都是奶奶帮我打扫卫生的，我可不会呀。"她看着脏脏的地面，一点头绪都没有。就在这时，晓晓看到同学欢欢在捡垃圾，她也学着欢欢的样子，把地面的垃圾捡了。可是，地面还是脏兮兮的，最终晓晓的劳动任务没有完成，她很失落。

丁零零，下课铃响了，成为小学生后的在校第一天结束了，晓晓的心情却不如早上进校时那般欢快。现在她的脑袋中已经装进了烦恼，因为她不会整理，也不会打扫卫生，体会不到校园生活的美妙。

通过一天的相处和观察，老师似乎发现了晓晓以及和晓晓一样不会劳动的同学的困惑，在第二天，老师上了一堂"劳动教育"班会课。老师告诉同学们："劳动和每个小朋友的成长是息息相关的，每个人都要会劳动、爱劳动，劳动能力是一个人成长和独立的保障。另外,班级是大家的,同学们今后也要积极在班级中做劳动。"

之后,老师请一位同学拿出了当天所有的课本,并且在黑板上写下了当天的课程表,晓晓正在疑惑老师为什么要这么做时,就听见老师说道:"同学们,对于整理课本和文具这件事情,老师有一个好办法。你们瞧,黑板上写了课程表,你们知道是干什么用的吗?"晓晓想啊想:课程表不就是告诉我们上课顺序的吗?老师继续说:"其实,我们在整理课本的时候,就可以按照课程表的顺序,把书按第一节课到最后一节课的顺序进行排列。"老师边说,边用手边的书本进行示范,只见老师把第一节语文课的书本放在最上方,以此类推,把最后一节美术课的课本放在最下方。所有的课本叠在一起像豆腐块一样整整齐齐,老师让同学们自己试一试。晓晓学着老师的样子把书一本本叠起来,嗨,还真不错,书本整齐地放在了一起呢!老师又让同学们把所有的课本放在桌肚的左侧,并告诉大家在桌肚的右侧可以放自己的文具和生活用品,比如:文具盒、纸巾、水杯、餐垫等。等到晓晓根据老师说的把自己的东西全都整理好,才意识到原来自己的桌肚这么大,可以放这么多的东西!

接着,老师又拿出了两个神秘的"家伙"。他先举着一个像大刷子一样的工具向同学们介绍:"大家瞧,这个是一组小扫把和小簸箕,是不是很迷你?别看它小,它可是帮助你劳动的好帮手。"老师便蹲下,拿着这组小扫把和小簸箕在地面扫了起来,边扫边讲解:"用小扫把把地面的垃圾和灰尘归拢,再拿出小簸箕,把垃圾扫进去,你们看,地面是不是就干净了?"晓晓仔细地看了看地面,确实和老师说的一样,原本灰蒙蒙的地面已经一尘不染了。老师又举起了一块布,这个晓晓认识,奶奶常常用它来擦桌子,它叫"抹布"。只见老师开始擦起了桌子,并告诉大家:"我们在劳动中还离不开抹布,把抹布打湿,它就可以擦净桌面,也可以擦地上扫不干净的污渍。"桌面也真的如同老师说的,等到水渍蒸发,好似可以反光。

通过这节班会课,同学们学习了简单的劳动技巧,老师也制定了每日劳动班规:

1. 每天早上到校后整理书包和桌肚;
2. 每节课课间及时清理桌面和桌肚的垃圾;
3. 每天午间要完成大扫除,清理地面及教室卫生。

此刻的晓晓不再如昨日那般迷茫,现在的她信心满满,因为她学会了劳动的基本方法。再来到学校,晓晓已经准备好了劳动工具。她从容地整理着自己的学习和生活用品;在课间和午间,她也积极投入劳动中,当看到自己的桌面和地面干干净净时,别提有多高兴了!老师也看到了晓晓的劳动成果,伸手比了个大拇指。

虽然开学才没几天,可晓晓的劳动速度越来越快,劳动能力有了飞跃般的成长。这天她做完自己的劳动,发现班里的同学天天在拿着大拖把拖过道的地面,同学豆豆正在擦黑板,他们把地面和黑板打扫得干干净净。晓晓想:我能为班级做什么呢?一双小眼睛便在教室里搜寻了起来。"有了!教室的窗台还没有人擦呢,我来擦窗台!"她把这个想法告诉了老师,老师非常高兴地同意了。之后,晓晓除了每天打扫自己的卫生,还为班级做劳动,贡献自己的一分力量。

时间飞逝,又到了一周的班会课。老师说开学至今同学们的劳动表现都有很大的进步,劳动积极的同学还能获得班级"巧手星"称号,晓晓就在其中。

晓晓没想到自己在劳动方面的进步竟然这么快,原来,劳动不是一件艰难、痛苦的事情,相反,是一件容易、快乐的事情,只要肯学,只要愿意做,在每天的劳动实践中就会成长。现在晓晓回到家里,不再是"饭来张口,衣来伸手"的小女孩,她除了能够整理自己的书包、房间,还会帮着家人一起劳动,洗菜、扫地、擦桌子都不在话下。爸爸、妈妈都惊讶于晓晓的成长,也越来越愿意把更多的劳动任务交给晓晓,培养晓晓良好的劳动习惯,在他们眼中,这个小女孩在逐渐长大。在学校里,晓晓除了做好劳动任务之外,还通过积极思考,发现了劳动过程中的一些小问题,比如:有一些地面顽固污渍很难擦净,一个人接水、拖地效率低,擦黑板有时候会不及时。同学们通过深入探讨,发现如果用上百洁布,配以洗洁精,地面顽固污渍就很容易被擦掉;同时,在班级劳动中,如果大家能够分工合作、互相配合,劳动效率就能够提高。

晓晓从刚踏入校门时害怕劳动、不会劳动到如今会劳动、爱劳动,这是劳动教育及习惯培养的成果。在实践中,通过学生合作劳动、师生评价劳动、家校维持劳动,大家的劳动习惯和劳动意愿逐渐养成、不断高涨。劳动不是一件一蹴而就的事情,随着学生年龄的增长、劳动涉及范围的扩大,在现有劳动能力的基础上还要持续地培养他们的劳动技能,使每一个孩子都拥有独立面对未来生活的能力,从而拥抱生活、享受生活。

案例说明

对于一年级的学生来说,培养劳动观念和劳动能力,首先要让他们知道劳动有利于自己的学习生活,能让自己有一个干净舒适的环境,能让人快乐和满足。其次,劳动也是有方法的,也是思维的锻炼。本案例通过对晓晓整理书本、打扫教室等具体的劳动指导,让晓晓在劳动中成长,帮助晓晓懂得做事要有条理,态度要认真,同伴之间要相互合作,并享受劳动带来的快乐。由此看来,劳动教育与其他教育是相互联系的,能促进孩子的全面发展。

35. 我劳动，我快乐，我光荣

上海市浦东新区高科幼儿园　费丽华

优优是一位长相甜美、善于交往的小女孩。性格开朗、爱笑的她，深受伙伴们的喜欢。可是优优却有个不爱劳动的坏习惯，总喜欢依赖他人的帮助。听！优优又求助了："谁来帮帮我，我好像不会整理小书柜。""你能帮我把小被子叠整齐吗？""我真不行，还是你们来做吧……"

午睡时间到了，优优和往常一样来到自己的小床上。她快速地脱掉自己的外套和外裤，然后将衣裤团在一起，大声地喊道："老师，快来帮帮我。"旁边的天天立马说道："优优，你要自己把衣服和裤子叠好。""我不会，我要老师来帮我。老师，快来帮帮我。"优优继续喊道。"自己的事情要自己做，不能总是找老师。"天天很严肃地说。优优噘起小嘴："可我不会，我就要老师帮我。"其实在一日活动中，优优做任何事情都喜欢求助他人，久而久之，优优不仅失去了自我服务的意识，还由于长期处于一个缺乏劳动锻炼的境况中，养成了不爱劳动的坏习惯。基于"劳动教育应融入生活"这一理念，老师决定通过同伴影响，借助儿歌与肢体动作鼓励优优尝试自己动手整理衣物。

镜头一：

老师："优优，怎么还坐在小床上？你看，伙伴们都已经钻进小被窝，准备进入甜甜的梦乡啦。"

优优："我不会整理自己的衣裤，平时都是妈妈帮我整理的。"

欢欢："我们可是大班的小姐姐啦，自己的事情要学会自己来做。"

天天："你不尝试一下，怎么知道自己不行呢？"

萌萌："优优，我相信你一定能够自己独立完成，加油！"

有了伙伴们的言语鼓励，老师又立马唱起了儿歌《折裤子》："裤管哥哥找裤管弟弟，裤管兄弟大拥抱；面对面摆整齐，弯弯腰折一折，大家夸我真能干。""瞧瞧，裤子折好啦。优优，你也来试试吧。"老师微笑着说。优优点点头，嘴里嘀咕着儿歌："裤管哥哥找裤管弟弟，裤管兄弟大拥抱；面对面摆整齐，弯弯腰折一折，大家夸我真能干。哇，我成功了。"老师随即竖起大拇指，伙伴们拍着手说："优优，你真棒。"优优笑着说:"相信外套也一定难不倒我。衣管姐姐找衣管妹妹,左抱抱右抱抱;弯弯腰折一折,大家夸我真能干。"只见优优一边念着儿歌,一边折衣服:"你们快看,我这次也成功了。"伙伴们和老师纷纷为优优鼓掌。

放学时刻,优优高兴地拉着妈妈的手:"妈妈,今天老师夸我本领大,我能自己整理衣服裤子了,大家都夸我能干。妈妈,自己劳动真快乐啊。"

妈妈:"老师,我们平时都是不让她做事的,所以优优的自理能力比较薄弱。优优真的能自己独立整理衣裤?"

老师:"优优妈妈,你要相信她可以做到,要学会放手,做到绝对信任,相信你会看到一个独立自主、爱劳动的优优。"

优优:"老师,我以后都要自己的事情自己做,劳动让我快乐。"

镜头二:

回到家后的优优与往常不同。只见优优进门后,将自己的小鞋子脱下来,整齐地摆放在鞋柜上,然后走进自己的房间,小声地嘀咕:"我要把房间里的玩具整理干净,做个爱劳动的好孩子。"

优优:"妈妈,我把鞋子整齐地摆放在了鞋柜上,还把玩具也整理好了。请问你有什么需要我帮助的吗?"

妈妈:"哇,优优真是太能干了。妈妈在为大家准备晚餐,你愿意一起加入吗?"

优优:"我愿意,妈妈快告诉我,我能做些什么?"

妈妈:"优优来洗菜,妈妈来烧菜。"

优优:"好的妈妈,我要为大家做一些力所能及的事情。"

晚上八点,优优妈妈通过视频连线告诉老师,优优在自己铺床、折叠自己的衣服裤子,刚刚还主动帮助妈妈一起为家人做晚餐。可以发现,优优回到家中后,自我服务意识逐渐增强,还帮助家人做了力所能及的事情并乐在其中。为了能让优优继续保持自主劳动的好习惯,优优妈妈和老师在云端进行了沟通。

为了让劳动教育更自然地融入孩子们的一日生活,激活孩子们自主劳动的意识,培养他们自主劳动的能力,老师决定结合孩子们的行为表现,家园协同,共商共议。首先,我们要帮助家长转变观念,让家长从认知上重视幼儿劳动教育,了解幼儿园劳动教育与小学劳动教育实施情况,保持家庭教育理念与幼儿园教育理念"步调一致",坚持"家园共建共享,家园协同共赢"的理念,加强劳动教育衔接,形成合力,共促幼儿成长。其次,我们要牢牢把握劳动教育在幼小衔接过程中的育人价值,在孩子们平时的生活中有意识、有目的地渗透劳动教育,开展适合不同年龄段儿童的劳动项目,围绕幼儿不同阶段的成长特点和发展需求来设置相应的劳动教育内容,让劳动教育融入孩子们生活的各个层面,科学助力幼小衔接工作。

(一) 正确认识幼小衔接——捕捉劳动教育契机

幼小衔接应从幼儿学前入园开始实施,幼儿园要协同家长正确认识幼小衔接,共同开展入学准备教育,让幼儿在园期间循序渐进地培养能力和良好习惯。同时,幼儿园要以"儿童发展优先"为基本原则,根据幼儿发展规律和认知特点,在幼儿的一日活动中捕捉教育契机。如:镜头一中,虽然只是让孩子们自己整理衣裤,却也成为幼小衔接的教育契机。在生活活动中要实现良好的衔接互动,教师可以与孩子们一起扫地、擦桌椅、收拾玩具、照看小菜园等,让他们体验生活、热爱生活。通过行为引导和榜样示范,帮助、支持和鼓励幼儿独立完成劳动任务,捕捉一切适合幼儿的劳动教育契机,增强其自主劳动的积极性。

(二) 科学实施幼小衔接——将劳动教育尽渗透

相比于幼儿园,小学生活相对独立,因此培养幼儿基本的劳动能力对幼儿适应小学生活尤为重要。为了能够更好地帮助幼儿从"我不行"转变成"我行,我可以",从"我愿意劳动"转变成"我劳动,我快乐",我们应充分利用一切资源,将劳动教育融入并渗透到幼儿的日常生活中。如:在镜头二中,通过家园协同后,优优在家中能自主整理鞋柜和玩具,并主动与家长一起承担自己力所能及的事情。因此,我们可以借助劳育课程,搭建与家庭、社会互通的信息化平台,结合传统节日、劳动绘本、劳动儿歌、家校社资源等,帮助孩子们创设良好的劳动环境,科学实施幼小衔接,将劳动教育尽渗透,培养孩子们养成自主劳动的好习惯。

(三) 同频共振幼小衔接——协力共促幼儿成长

在幼小衔接过渡中,我们要帮助家长打破以往的惯性思维,学会同频共振,学会转变角色。让孩子们成为活动的创造者、执行者和指挥者,家长则转变为观察者、支持者和助推者,科学衔接,促进幼儿的发展。为此,可以借助多元化的信息平台,成立亲子课堂,激发家长主动参与到劳动教育中。如:幼儿园每周开展"劳动日"打卡和"劳动小达人"网络评选活动,幼儿园与家庭每月线上及线下同步开展"一起来劳动""我劳动我快乐"系列主题实践活动,幼儿园、家庭与社会每学期开展种植实践、送温暖、社区小志愿服务岗位等活动,还有来自"云课堂""云劳动日"等劳动教育活动。旨在鼓励家长主动融入劳动教育活动中,鼓励与引导幼儿参加家务劳动和社会劳动,循序渐进地强化幼儿的劳动能力。

我们相信,幼小衔接虽不是一蹴而就的,但它在持续中有条不紊地进行着,在过程中逐步积累着,在合作中稳步开展着。让每一位幼儿都在劳动教育中培养较好的劳动素养,梳理正确的价值观念,能为他们日后小学生活奠定良好的基础,这也是开启幼小衔接科学过渡的密码之一。家园协同开展幼儿劳动教育,不仅增进了教师、家长与幼儿之间的了解,更让家长对幼儿劳动教育有了更为科学的认识,家园关系变得更为和谐。让我们家园携手,让劳动教育回归本真,让幼儿用心感受"我劳动,我快乐,我光荣"。让幼小衔接视角下的劳动实践教育更科学、更温暖、更接续、更有力!幼小衔接,我们一直在路上……

案例说明

对幼儿园小朋友进行劳动教育,要塑造一定的环境氛围,采用一些适合幼儿的方法,还要让幼儿知道劳动首先要为自己服务,还要力所能及地为他人服务。本案例中,教师采用儿歌的方式,让优优与其他小朋友一样能够整理好自己的衣物,同时引导她回到家里也做一些力所能及的事。家园合力,老师与家长要保持同样的教育理念,才能更好地扎实开展劳动教育。

36. 一起做值日任务小达人

上海市浦东新区巨野幼儿园　张　嫣

每日活动,老师会关注幼儿思维方式、学习习惯、心理适应等方面的衔接。劳动节快到了,今天果果老师准备和大班宝贝们聊聊"任务"这件事儿。

果果老师:"宝贝们,你们知道什么事情可以称为任务?"

乐乐:"任务就是做一件事。"

欢欢:"任务就是别人让你做一件事,要完成。"

豆豆:"任务就像是送快递,一个一个送到人们手里。"

优优:"任务就是像闯关,要一个个通过。"

晨晨:"上小学我们要写作业,作业就是任务。"

果果老师:"那么果果老师说说自己眼中的任务是怎样的。我发现每个孩子都在行动,并且愿意自觉地完成一个任务;任务意识是要有责任心,心中有个目标需要完成。"

果果老师收集了日常中孩子完成任务的情况。

果果老师:"伙伴们,一起来看下大家完成的值日任务。"

第一种情况:任务要求只听了一半,所以孩子在做的时候只顾着拿工具做,并没有注意到细节。因此有时任务会出现几次反复摸索才能完成的情况。

第二种情况:每周一的升旗仪式,有的孩子会忘记穿校服。

第三种情况:在午餐过后,往往有小朋友忙着去自由活动,忘记了餐垫的收纳和整理,任务意识比较淡薄。

果果老师皱皱眉头提出:"伙伴们,为什么会出现这样的情况呢?"

乐乐:"我听要求的时候在想别的事情。"

豆豆:"玩得太开心,把事情忘记了。"

优优:"备忘录漏记啦。"

这周果果老师带着伙伴们重新思考值日任务及其具体落实。

首先和伙伴们一起思考"值日小任务"需要做的事。通过集中梳理小结、记录,孩子们将班级值日生的任务做成了思维导图,使任务更加清晰明了,值日生的工作性质区分了提醒类、检查类和服务类等。

然后集体讨论如何安排。果果老师问:"谁来担任值日生?"了解了值日生的工作后,孩子们对值日有着很高的积极性,争先恐后地想要担任值日生,怎么安排呢?来自孩子们的声音:

优优:"可以按照学号顺序来做值日。"

萌萌:"我想要按照小组来做值日。"

乐乐:"按照男生女生一人一半来做值日。"最终孩子们举手投票决定采用学号的方式,按照学号从周一至周五的顺序开展值日任务。

一起讨论值日生上岗证。孩子们思考着如何让大家知道今天谁是值日生,并设计了值日生上岗证。优优分享当戴上值日生牌,感觉自己就像小学生。

共同思考值日生的相关问题。接下来几天伙伴们又在一起讨论了:值日生忘记值日了怎么办?值日生请假了没来,人数不够怎么办?值日生做了重复的工作怎么办?孩子有了自己的解决方法:乐乐说将值日过程中遇到的问题说出来、画下来,商量解决的方法;欢欢提议值日生小伙伴们可以相互提醒,提醒值日要做的事情;优优提出如果值日生请假了,可以让学号排在他后面的小朋友先值日,等请假小朋友回来再交换!

最近优优妈妈联系了果果老师,将优优在家中做家务小能手的照片发给了她,果果老师在班级里对优优进行了表扬。孩子们纷纷嚷着也要做家务小能手,于是果果老师与伙伴们共同制定了这份"家庭值日小任务":记录备忘录——每日记下第二天需要做的事,记得家长签字第二天带回;整理小抽屉——抽屉用久了东西有点乱,要定期清理;餐后餐垫清理——午餐后消毒清洗餐垫,并晾晒,方便第二天的使用;完成一个小家务——我帮妈妈一起做家务;试试制订一日计划表——周末的时间自己制订计划表,完成计划表里的每一项任务,还要记得打钩,不要遗漏。

家长会上果果老师晒出了班中"值日任务小达人"的视频及照片,向爸爸妈妈们表扬了孩子们有了任务意识,并希望他们督促宝贝们进行家庭值日小任务。爸爸妈妈回家也和伙伴们共同进行家务值日小任务,帮助孩子们记录每日成长的点滴。家长们还创造机会让孩子们学会自己的事情自己做,让孩子参与家庭的各项活动,做力所能及的家务事,丰富孩子参与各种实践活动的成长体验,让孩子体验做小主人的乐趣。

这周五下午,大班教师们的教研现场讨论起了幼小衔接话题,焦点落在了如何通过课程的实施建立幼儿的"任务意识",促使孩子们专注、自主地做好每一件事情,提升教师梳理、积累相关策略的能力。果果老师分享着班级内这段时间家庭、幼儿园、小学三方在日常活动中通过"任务意识"来"完成一个值日小任务"做好幼小衔接的那些事。

1. 协同家长商议,了解现状

教师们通过家访互动,了解到家长最关心的事情是幼儿能做好自我管理,养成时间观念。教师夯实专业知识,了解家长所需,聚焦任务意识,科学有效地开展幼小衔接活动。

2. 访谈小学教师,做好双向衔接

果果老师在与小学老师互动教研时,小学教师提出任务意识很重要,自理能力、自我管理、良好稳定的情绪、文明礼仪是基础。大班教师们思考:幼小衔接中什么样的意志品质能够涵盖"家、园、校、幼"的共同需求?是以问题为导向,聚焦现状,逐一突破。准小学生们非常需要提升自我管理能力,教师们觉得这也是孩子们逐渐走向独立的契机与通道。利用一日活动的融合与渗透,将幼小衔接的优良品质融入其中,设立各种小任务,通过任务的实施、达成,提升幼儿自信心及管理能力,但其中离不开幼儿自己良好心理情绪的驱动。

这周果果老师带着大班孩子们一起参观小学,参观后孩子们发现小学的教室与幼儿园的不一样:一排排桌椅一个接一个,后方还有储物柜,整个教室满满当当……随后小朋友们便有了疑问:哥哥姐姐的午餐是在哪里吃呢?和我们幼儿园又有什么不一样?于是果果老师又带着孩子们参观了食堂。孩子们又发现,幼儿园和小学的值日生任务大不同。

镜头一:小不同 vs 大改变之"盛饭"

优优和伙伴学做小学生,自己盛饭、盛汤。盛饭时一手拿勺一手拿碗,避免把饭粒撒出来,每次盛大半碗,不够可以再添,不能浪费;盛汤时一手拿碗,一手拿汤勺,一次不能舀太多,盛好后,两只手捧着汤碗慢慢走到座位上。小学生们午餐也在课桌上吃,因此他们要使用到餐垫,保持桌面的整洁。幼儿园使用的是三个碗;小学生使用的是餐盘,饭菜被放在了餐盘不同的格子里。拿餐时小手也要扶着餐盘,以免打翻。用餐后,餐盘要和其他餐盘整齐地叠放在一起。

镜头二:小不同 vs 大改变之"整理"

用餐后我们需要做哪些清理的事?优优和伙伴一起进行小组讨论,孩子们提出现有的工具有抹布、纸巾和湿纸巾。实践后,孩子们提出用纸巾和湿巾来擦拭,用量会较大，很不环保。优优表示："如果能有更适合的工具就好了！"于是果果老师和孩子们一起收集适合的工具，并讨论工具在使用后如何进行分类摆放。有了工具，作为班级小主人的孩子体验了餐后清洁、整理桌面和地面。值日生也会做相关的检查和清扫工作。从体验工具—寻找适合的工具—尝试新工具，孩子们感受到了抹布、刮刀、扫帚、小拖把都能帮助清洁，而且更为环保。通过"找一找""做一做""比一比""说一说""用一用"，准小学生们通过沉浸式体验小学午餐的方式，发现小学的餐具、餐垫、整理都与幼儿园有所不同，他们的能力、习惯、行为获得了大大的改变，向小学生活又迈进了一步！

案例说明

培养良好的生活及学习习惯是幼儿园教育的主要任务。"值日任务小达人"活动，让幼儿在做值日生的过程中，增强为自己和他人服务的意识，提高幼儿的劳动能力。本案例教师支持孩子们的想法，引导孩子们解决问题，培养幼儿的任务意识，增强其自我管理能力。今后还可以从个体到合作，从个人完成一项任务到与同伴合作，从幼儿园到家庭，从自我管理到与家长共同管理，由浅入深，由多个"小任务"汇聚成完整活动，以阶段性任务和问题进行梳理，引导幼儿积累经验，最终建立起良好的自我管理能力。

ID# 第十部分　审美习惯

37. 古诗唱进歌里去

上海市浦东新区张江高科实验小学　连　蕾

优优是一名幼儿园大班小朋友,作为一名"准小学生",她在幼儿园的课堂上与老师和小朋友的互动已经很默契了,反应速度也比小班的时候快多了。她最喜欢和好朋友们一起做游戏,因为从合作互动中可以获得很多快乐。优优很有规则意识,在活动和游戏中,她知道只有大家都遵守规则和秩序,活动才更有趣!

这天,班级里来了两位小学里的老师帮助小朋友们进行小学课程学前体验,其中一位老师带来的是音乐课。优优心想,我课外没有学任何乐器,也没有参加跳舞特长班,唱歌也都是跟着喜欢的歌曲随便唱,音乐课对我来说应该很难吧!而且优优从来没见过小学里的老师,内心感觉又紧张又期待。

音乐课开始了,老师首先做了自我介绍,接着并没有急于开始上课。她先播放一首活泼欢快的歌曲《lollipop》,让大家一起模仿她的动作,看大家的反应速度如何,能不能跟上她的动作,跟上音乐的节拍。优优听着音乐,她感觉这首歌好像最近经常在某些地方听到,看着电脑屏幕上老师出示的各种好看的棒棒糖,优优觉得快乐极了!老师的动作虽然比较快,但是简单而重复,优优很快就能跟上动作了,听着听着,她发现歌词中唱到了"大声大声……小声小声……",老师编配的动作分别是高举双手击掌和食指放在嘴前"嘘"的样子,可真好玩呀,动作和音乐是完全统一的!"这对我们大班的大孩子来说最擅长不过了!"优优心想着。

一段简单的热身之后,优优喜欢上了这位小学老师,因为她觉得老师很了解他们,并没有为他们出难题,好像小学的课程也没那么枯燥。欢快的舞蹈过后大家坐下来,聚精会神地听老师讲课程内容。老师为大家带来一只大白鹅的图片,让大家联想到一首无人不知、无人不晓的古诗——《咏鹅》,优优跟着大家伙一起激动地齐声背诵了一遍。背这一遍之前,老师说,要用好听的声音,什么是好听的声音呢？原来在先前的律动热身的时候我们知道了"大声"和"小声",优优和小朋友们最擅长的就是大声地、肆无忌惮地讲话了,但是这次,大家没有因为心情激动就毫无控制地放声背诵,而是都专注地控制着自己的音量,所有小朋友发出的声音就像一个人一样整齐。这样背下来可真好听啊!优优觉得自己的班集体瞬间好团结。老师对大家诵读的声音非常满意，表扬小朋友们表达出了对《咏鹅》这首诗的喜爱和熟悉，她马上为我们介绍这首诗是骆宾王7岁的时候观察大白鹅写出来的。"7岁的小朋友也没有比我们大很多嘛，骆宾王可真厉害！"优优心里又嘀咕了起来。"细致地观察就能出口成章。"老师鼓励孩子们去找一找，她出示的三组图片分别对应哪几句诗。原来老师开始考验小朋友们的观察能力了。这时，班级里的小朋友都睁大了双眼，仔细地对比三幅图的区别，准备抓出最有特点的地方。优优起先没有举手，她怕自己说错。老师又分别描述了每幅图的特点，这下优优有了主意，她试探性地举起小手，老师微笑地请她起来说说。优优发现了有一幅图中大白鹅的脖子朝天伸得长长的，脚蹼的部分都没有画出来，肯定对应的是"曲项向天歌"。优优答对了，得到了大家的掌声。接下来的两幅图长得好像啊，很多小朋友把举起的小手都放下了。这个时候优优的好朋友天天试探地举起小手，老师请他起来说说自己的想法，天天说："那幅图里画出了鹅的红掌，所以应该对应'红掌拨清波'。"小朋友们定睛一看，剩下两幅图里都有画出红掌，因此天天的说法被推翻了，天天倒是也并不气馁地坐下来，老师夸奖了他的勇气。听到天天被老师表扬的话语，晨晨勇敢坚定地举起小手，站起来说："那幅图里有水花，应该对应的是'红掌拨清波'，是红掌把水花拍起来的。"老师笑了笑说："所以剩下一幅图的'白毛浮绿水中'，没有水花，说明鹅漂浮在水面还没有快速地蹬腿。谁能为'浮绿水'的'浮'想一个动作呢？类似游泳时的漂浮。"这下班级里热闹起来了，大家争相摆出自己认为的"浮"的姿势，显然大家都受到了图片的启发，做出了比较静止的状态，没有拍打水花的动作。在老师的带领下，大家用优美的动作分别表现了不同诗句中大白鹅的状态。优优此时心里想："没想到以前就会背的诗还能在幼儿园里演出来，好像走进了诗词，真的当了一回大白鹅！"

表演过后老师提出了新的要求：既然是音乐课，小学生们都是要张开嘴巴唱一唱的，低年级的小学生都是用聆听模仿的方法学唱歌，那就看谁的耳朵最灵光、注意力最专注。光靠耳朵听来记忆旋律是有难度的，因此老师用粗粗的线条在大白鹅的背上画出了旋律，小朋友们用手指在空中顺着大白鹅的后背起伏边画边听就容易多啦！优优用小手指顺着老师演唱的声音高高低低地画着，内心在画的过程中也跟着唱，很快就能模仿演唱几句歌词了。优优心里开心极了，这么短的时间班里的小朋友就能学会小学课本里的歌曲，还那么好听，优优感觉大家真的很厉害，顿时成就感爆棚！最后老师完整地播放伴奏音乐，带领小朋友们一起，一边表演一边演唱歌曲，小朋友们完全沉浸在音乐声中，感觉自己仿佛就站在舞台上尽情地和朋友们一起展示自己的歌喉。大班的小朋友们从来没有这么正规细致地学唱歌曲,在这么短的时间里又能唱又能演,还将以前就会背诵的古诗词配合着音乐一起表演出来,大家真的开心极了,有的小朋友都跳起来说:"小学里的课真的太有意思了,我真想快点上小学了!"优优也开始了自己对小学生活的畅想……

　　良好的审美习惯在日常生活中潜移默化地影响着我们每一个人。有的小朋友言行举止很得体,深受老师和小朋友的喜爱,能很顺利地交到朋友,大家都喜欢与他亲近;而有的小朋友举止莽撞粗鲁,甚至不讲卫生,容易受到大家的疏远,周围的朋友就比较少,这样小朋友的内心也容易感到孤单和受冷落,容易引发其他的问题。表演音乐时,幼小衔接阶段的孩子容易受情绪影响,不善于控制自己的声音,需要有意识的提醒和良好表现习惯的培养,比如演唱时的姿态、音量、表情等方面。优良的审美能力会影响我们每一个人的生活,养成正确的审美习惯我们可以从哪些方面入手呢? 多听、多看、多表现是很好的途径。

一、聆听模仿,提升审美

　　多听优秀音乐作品。选择适合孩子年龄的、健康向上的音乐。放松休闲的时候、运动的时候、坐在车里的时候,都可以播放音乐磨耳朵,好的音乐听多了,良好的乐感也会自然而然地流淌在心里。模仿能力强的孩子听过几遍甚至可以模仿学唱几句,自己也会容易建立自信心,正确抒发内心的情绪。

二、图文配合,细致观察

　　适合幼小衔接年龄段孩子的歌曲有很多,其中,古诗新唱题材非常适合提升孩子的审美能力。这类歌曲的歌词都以有韵律的古诗词为主,朗朗上口,容易记忆。可以配合阅读带有配图的诗词书籍,这样既能方便孩子理解诗词含义,又能形象且深刻地记忆诗词内容,等再听到相应歌曲的时候容易与正确的情绪联结。

三、乐于模仿,释放天性

　　幼小衔接年龄段的孩子擅长模仿,有创造力的孩子甚至可以经过成人的提示进行改编创造。前面故事中的主人公优优,在体验课中就有良好的创编能力,在表演"曲项向天歌"时,班级里的孩子们各自都有心目中弯着脖子朝天歌的鹅的样子。抓住小朋友活泼好动的特点,引导他们多模仿,多创造,容易促使小朋友形成自己的想法,培养独立思考的意识,养成自己独具风格的审美习惯。

案例说明

音乐活动能让人愉悦,无论是唱歌、律动,都能在一定程度上给人快乐。幼儿园到小学,是从唱歌到音乐的升级,在这个过程中,需要儿童学习一些音乐专业知识,但是让他们觉得旋律优美更重要。本案例让小学教师执教大班儿童,无疑是为了提升儿童的音乐素养,又结合诗歌教学和唱诵,慢慢模仿,让儿童慢慢理解,乐在其中。

38. 变"啡"为宝

上海市浦东新区明珠小学　孙怡菁

一个阳光明媚的早晨，班级的一角飘来一阵阵迷人的咖啡香气。孩子们好奇地聚在一起，晓晓问："这是什么味道？是巧克力吗？""不，这是咖啡的香味。"欢欢兴奋地说。晨晨眨巴着眼睛，一脸好奇："我妈妈喝咖啡，说很苦。"孩子们纷纷附和，畅谈着对咖啡的印象。"咖啡加糖就不苦了！"小乐热情地建议，引得一片赞同声。

这时，老师走来，孩子们像是发现了新大陆一样，立刻将自己的发现汇报给老师："老师，我们想知道喝咖啡有什么好处。""咖啡渣能做什么？"孩子们的问题如潮水般涌来，大家都渴望在这片咖啡的香气中找到答案。

老师巧妙地利用这个机会，提议让孩子们通过调查来解答这些问题。于是，一个关于咖啡的小型研究团队应运而生。孩子们以小组为单位，兴奋地开始了咖啡的探索之旅——调查喝咖啡的好处、咖啡渣的用途，以及如何准备咖啡。

小组成员们纷纷在日常生活中寻找咖啡渣，晓晓发现家里的咖啡渣很有限，而公共场所却是"啡渣"集中地。通过与伙伴的团队协作，孩子们成功找到了大量咖啡渣，发现咖啡渣在公共场所的浪费数量巨大，而这个看似废弃的物质其实蕴含着无限可能。

在课堂上，孩子们通过看、闻、摸、捏等方式，直接感受咖啡渣的特点，老师在一旁补充介绍。在老师的引导下，孩子们不仅找到了咖啡渣与生活用品的契合点，还为咖啡渣的利用提供了创意的方向。孩子们发现咖啡渣不仅具有特殊的气味和质地，而且可以与日常用品产生有趣的化学反应。这一发现激发了他们的兴趣，也为后续的创意制作打下了基础。

随着调查的深入，艺术元素逐渐贯穿整个过程。孩子们不仅仅在理论上了解咖啡，更通过亲身感知咖啡渣的特性，将艺术元素融入实际的创作中。

在充满咖啡香气的教室里，孩子们分享了咖啡渣的各种用途，并亲手制作了咖啡渣画作，将咖啡豆巧妙地放置在玻璃瓶中，成为别具特色的装饰品。咖啡的变化让他们惊叹不已。这个过程既锻炼了他们的动手能力，也培养了他们对艺术的热爱。而这些美丽的作品，也成为课堂上一场别开生面的艺术展。

通过寻找咖啡渣、制作咖啡渣画、咖啡豆装饰品，孩子们不仅深入了解了咖啡的世界，还学到了实际的调查和解决问题的方法，培养了他们的团队协作精神。这些活动既为孩子们提供了关于咖啡的实用知识，也激发了他们对环境保护和创意表达的热情。这场咖啡香气中的探索之旅，成为他们成长中美好的一部分。

最终，孩子们展示了他们的创意作品，每个孩子都用心呈现了咖啡的美好。这场艺术的创作之旅不仅让他们感受到了咖啡的香味，也激发了他们对美的探索和创作的热情。这个班级成了一个充满创意和发现的小社区，咖啡香气弥漫其中，成为孩子们美好回忆的一部分。

咖啡的香气不仅仅是一种气味，更是孩子们探索艺术世界的媒介。这次关于咖啡的奇妙之旅展示了艺术审美在日常生活中的融合，通过孩子们的好奇心、教师的引导和实际的调查活动，呈现了一个充满创意和发现的小社区。

首先，阳光明媚的早晨中弥漫着咖啡的香气，成为故事开端的一抹亮色。孩子们的好奇心被激发，形成了一个集体的兴趣点。这种情景营造出一种温暖的氛围，同时为艺术审美的发展奠定了基础。

孩子们通过对咖啡的初次接触，引发了一系列问题。这不仅是对味觉的认知，更是对咖啡的探索之旅的开始。老师的巧妙引导，使孩子们将这些问题集中到一个小型研究团队中，为后续的活动提供了有力支持。这个过程中，孩子们的好奇心和主动性得到了充分的发挥，他们积极地寻找答案，并形成了团队协作的意识。

此外，小组合作也是一个亮点。孩子们在寻找咖啡渣的过程中，通过团队协作找到了获取大量咖啡渣的途径。这不仅让他们学到了实际的调查和解决问题的方法，还培养了团队协作精神。这种小组合作不仅仅是为了解决问题，更是对社交技能和集体努力的锻炼。

对咖啡的深度探索，向我们展现了艺术审美与日常生活的巧妙融合。阳光明媚的早晨，班级里弥漫着咖啡香气，成为整个探索之旅的起点，一种温暖而充满活力的氛围，引导着孩子们迈向这场咖啡之旅，孩子们的好奇心在这个过程中得到了充分的展现。他们对咖啡的好奇，不仅仅停留在味觉上，更转化为对咖啡的全方位探索。教师灵活运用这个机会，提议成立小型研究团队，使得孩子们的好奇心得以被进一步引导和挖掘。

案例说明

　　艺术启蒙是一个长期且持续性的过程,把艺术创造渗透到孩子们的日常生活中,能够使孩子建立起持续的艺术兴趣和习惯。这种兴趣和习惯将伴随他们成长,使他们在以后的学习和生活中持续受益,从而形成幼儿思维意识到儿童思维意识的转变。本案例不只是对孩子进行艺术熏陶,而是从孩子的发现中,因势利导,从艺术的角度思考,同时渗透其他的因素,增加艺术的复合性。

39. 色彩斑斓的艺术

上海市浦东新区高科幼儿园 张玉丽

优优是一名热爱大自然的女孩子,每当到了户外活动环节,她便会变得活泼好动。她喜欢与好朋友寻找户外缤纷多彩的落叶与花瓣,喜欢在户外挖掘无处不在的惊喜与新奇。每每户外游戏时,别的孩子喜欢唱歌、跳舞,而她却喜欢绘画写生,感受大自然不一样的美。在一次次的发现与创作中,优优渐渐培养了自己的审美观念,对于艺术和自然产生了更加深刻的认知,用审美的目光以及开怀的态度面对生活。

那是阳光灿烂的一天,阳光洒落在户外的草坪上,小朋友们为眼前绚烂的一幕感到惊讶。当期盼已久的户外活动到来时,大家迫不及待地奔向每一个角落,寻找着他们眼中的美好:有的孩子奔往了种植区域,开始搜集各种颜色的花瓣与落叶;有的孩子把提前做好的风筝带到了户外,一起感受游戏的乐趣……比较文静的优优则找到了位置,用纸笔描绘眼前自己喜欢的景色。只见优优早早地来到了一棵树下面,想要将眼前的景色记录在画纸上。她从背包里取出一个小袋子,打开袋子后念念有词:"铺开一张纸,放在画板上,彩笔有五支,红黄蓝绿紫……"很快,优优把袋子里的笔和纸都拿了出来,散落一地的彩色笔让优优有点措手不及,甚至还有好几根彩笔滚到了别的小朋友脚下,跟其他小朋友的彩笔混淆了起来……

然而,过了没多久,优优就开始哭闹了起来。原来,刚刚空中飞来了一只蝴蝶,优优想要将它画到画纸上,但是没等她反应过来,蝴蝶就已经飞走了。对此,优优不止一次想要凭借着自己的记忆将蝴蝶画下来,可是却来不及记录,她急得眼泪都快要出来了。一旁的孩子们见状,连忙上前对优优进行安慰:

萌萌:"蝴蝶都长得差不多的,你看我画的,是这样吗?"

欢欢:"我们画一只彩色的蝴蝶吧,多漂亮啊!"

在孩子们的你一言我一句中,优优终于按捺不住情绪,"哇"的一声哭了起来。最终,大家因为一只无法画好的"蝴蝶"不欢而散。

虽然每次户外活动都会有一些意外的情况出现,但不得不承认,孩子们在户外活动中逐渐培养了自己独特的审美。优优在过去一个学期里,从简单的线条绘画到如今的"言之有物",经历了无数次的尝试,在快乐的探究中不断成长;欢欢喜欢黄叶与红花瓣搭配,形成色彩鲜明的黄叶画;萌萌喜欢用彩纸描绘眼前的风光,并且渐渐掌握了细节的创作方法……

优优不会再为了"画得不像"而苦恼得哭泣,懂得利用天马行空的思想表达自己眼前的景象。然而,她却有一个坏习惯始终无法改正:她创作的时候总是将笔胡乱堆放,每次完成了绘画后总是丢了笔,或者不小心将色彩弄到了画纸上,甚至会将向别人借的笔给弄丢。为了此事,教师没少跟优优提:"以后上小学的时候,老师可不会帮你收拾笔的,你要学会自己收拾哦。"优优虽然每次听完都认真地点点头,但丢三落四的习惯却始终没有能够改变。直到老师组织开展了情景活动"我的色彩朋友"以后,优优乱丢画笔的问题才有效解决。在这次活动中,老师鼓励孩子们与每一种"色彩"交朋友,并且明确色彩表达的内容。抽象和想象能力极强的优优很快就融入了这次活动中,并且很快对每一种颜色的特点做出理解:红色是热情好客的红红,绿色是充满生机的小绿,蓝色是深邃广阔的小蓝……在"认识"了这些朋友以后,优优在绘画的时候仿佛更加如虎添翼了,绘画作品也更加栩栩如生。

重要的是,在认识了各位"朋友"以后,优优以及其他小朋友对各种绘画材料的收拾更加重视。每当他们完成绘画后,优优都主动提醒大家将彩笔收拾好,甚至会跟每一位"朋友"说一声谢谢后才将其收纳到笔袋中。久而久之,孩子们渐渐养成了主动收纳的好习惯,渐渐学会了爱护文具,在优化美育发展的基础上,更进一步提高了文具管理能力,为幼小衔接提供了充分的支持。

渐渐地,小朋友们已经不再满足于单纯的户外活动,于是,老师鼓励孩子们将大自然带到教室中,用自然材料装饰教室。优优找到了平时玩得很好的小伙伴,一起自荐负责班级里的装饰。为了让班级里的装饰变得更加丰富,优优找来了许多花瓣与落叶,与小伙伴们一起设计了黄叶画与花瓣画,在老师的帮助下将作品挂在了主题墙上。此外,他们在教室美工区进行纸巾的彩色"扎染",拓印树叶,把大自然的气息带到了教室,培养了艺术审美的能力。

《3—6岁儿童学习与发展指南》的指导精神中指出:幼儿的成长是建立在直接经验基础上的。因此,要培育孩子们的美育水平,不仅需要鼓励孩子们进行观察、绘画,同时也要让他们参与到实践探究环节中,在实践的过程中提高自身对艺术审美的认知。要知道,培养幼儿的审美习惯思维是幼小衔接工作落实过程中重要的一环,在经过了教室布置活动以后,优优与其他孩子更加热衷于参与美术活动,甚至还主动学习、欣赏、借鉴了其他优秀的美术作品,逐步培养了艺术创作与鉴赏的能力,为后续义务教育阶段艺术素养的发展奠定了稳固的基础。

通过一连串美育活动的开展,优优以及其他小朋友都对艺术鉴赏与创作产生了极大的兴趣,同时在审美习惯以及学习价值观方面均有了一定的改善。教师通过借助灵活的户外活动模式,进一步鼓励孩子们在美术创作中彰显个性化创作。其中,"我的色彩朋友"主题活动的开展,帮助孩子们逐步培养了爱护文具的习惯,对其后续接受小学教育具有极大的帮助;另外,在组织开展班级装饰活动时,老师们将画面里的美好化作了现实,帮助孩子们更加精准地了解生活中的美好,并且将这种美好烙印在孩子们的价值观里,让他们能够更好地体验艺术的魅力。

在美术活动中,以优优为代表的孩子们对艺术探索产生了浓厚的兴趣,开始逐步系统地学习简单的颜色与搭配,为其后续参与到义务教育阶段的美术课堂奠定了稳固的基础,实现了以美术活动为核心的幼小衔接环节推进目标。

如果说,成长是孩子们最美好的年华,那么大自然便是孩子成长道路上最好的伙伴。要知道,艺术教育是学前教育重要的组成部分,而大自然就是最好的艺术导师,在大自然的熏陶下,孩子们能够收获不一样的快乐与美好。每一个孩子都是含苞待放的花蕾,他们热爱大自然,也渴望着在阳光下绽放的一刻。将自然融入教育,让每一位孩子都能够在阳光空气中肆意成长,感受大自然的魅力,让艺术的氛围烙印在孩子们的心中,为他们日后进入小学奠定稳固的基础。

案例说明

美育的源泉来自大自然,与大自然成为朋友才能从中汲取美的养分。本案例,老师让孩子们亲近大自然、观察大自然、描绘大自然,通过完成系列任务让学生感受美、发现美、表现美。没有说教,没有训导,一切都在自然中发生和发展,也在孩子幼小的心田里滋生美的种子。

40. 娃娃走进京剧，发现和感受美

上海市浦东新区海洲幼儿园　陆燕莉

周三上午，优优和小伙伴们在老师的带领下来到了幼儿园的"梨园梦"体验区，这是幼儿园近期在表演室新创设的区域，其目的是以京剧为依托，让幼儿走进京剧，品味国粹。优优和天天没有抢到动画看台的座位，于是他们来到了表演区，优优为自己选择了一套花旦的服装，天天则选择了一套青衣的服装。正当两个小伙伴在讨论如何扣扣子时，老师走了过来，询问天天："天天，你为什么选择这套服装呀？"天天回答说："因为我喜欢黑色，我觉得这套衣服最帅。"老师笑了笑说："可是，这件衣服是青衣穿的，青衣是女性，就比如说妈妈可以穿青衣的服装。""老师老师，那我穿得对不对？"优优迫不及待地问老师。老师看了看后说："对的，这是花旦穿的服饰，是给活泼开朗的女孩穿的。你是想扮演花旦的角色吗？"优优点点头。天天脱下了青衣的服装，来到衣架前，看看这套，摸摸那套，说："红红的，白白的，我都不喜欢，而且袖子怎么那么长，好像女孩子跳舞的衣服。我可不喜欢。京剧的衣服怎么那么奇怪？和我们穿的衣服不一样。"这时，一旁的优优也正在为扣扣子而烦恼，显得有些不耐烦了……

"京剧已经走进了幼儿园，那为什么没有走进优优和天天的眼里和心里呢？如何培养优优他们的审美习惯呢？"这个问题一直困扰着老师。通过思考和分析，老师发现，在"梨园梦"进校园前，优优和天天极少在校园内接触到京剧，只有在大班教学主题活动"我是中国人"中会接触到一些京剧脸谱等与戏曲有关的内容。老师从班级家长那了解到，幼儿在生活中主要以儿童歌曲或者是流行音乐表演为主，生活中几乎不接触京剧。由于优优他们对戏曲文化不了解，很难对京剧产生兴趣，在活动中又缺乏主动观察的能力，那么就更难发现京剧的美了。

有了以上的分析后，老师有了以下举措：

首先，要以幼儿为本，创设互动环境。老师以动画、多媒体、游戏、服装道具、手办模型、手工等形式，多方位地将京剧呈现在幼儿面前。环境的布置以及材料的投放便于幼儿取放与互动，幼儿能在体验室内感受到京剧文化的魅力，从而激发出参与兴趣。这一天，优优和她的小伙伴们又来到了"梨园梦"体验区，优优发现每个手办模型的透明盒子上贴上了对应人物的名称和该人物简单介绍的点读码,她可以通过点读笔来深入了解该人物。优优点了自己感兴趣的花木兰,从点读笔里听到了对花木兰的介绍,原来花木兰是武旦,是古代的女英雄,她的服饰要便于她舞、打和各种表演身段。优优发现武旦的头饰非常有特点,自己很喜欢,她还和小伙伴分享了自己所了解到的知识:"欢欢,你看,这两根长长的叫翎子。"说完,优优来到表演区,找到了有翎子的头饰,戴在了自己的脑袋上,开始摇头晃脑,手舞足蹈,自己俨然成了威风的花木兰。一旁的小伙伴们纷纷拍手叫好。今天,乐乐也在表演区,他正在穿一件武生花褶。这次他没有求助老师,而是通过自己的观察尝试着穿。在表演区的衣架上有许多京剧人物的服饰,为了培养幼儿自主学习的能力,老师将与幼儿身高差不多的京剧人物的纸板刻了下来,布置在表演区,幼儿可以观察纸板上的京剧人物的衣服穿搭方式,学习尝试自己来穿搭。

其次,要让幼儿沉浸体验,品味国粹魅力。当优优对某一京剧内容较为感兴趣时,老师会马上抓住这个关键时刻,科学地去引导她发现美、感受美和理解美。优优特别喜欢京剧人物里的花旦,她觉得花旦的服饰很美,于是老师就夸奖优优能够发现美,并让优优介绍自己对花旦的看法和想法。优优在老师的鼓励下说到了花旦服饰的颜色主要以红、绿、黄、蓝为主,服饰上的花纹很精美。为了让优优有更直接和深入的感受,老师和优优一起对花旦服饰进行了观察,通过抚摸,优优了解了丝绸和绸缎,还观察到了一些细节处,如金银线、珠子和宝石等装饰品。在老师的引导下,优优还将花旦的服饰与青衣的服饰进行了对比。服饰的美激发了优优想要成为花旦,于是她穿上了花旦的服饰。通过模仿视频中花旦的圆场、碎步以及兰花指,优优发现京剧人物的举止和我们现实生活中有很大的不同,优优说:"花旦走路美,说话美,笑起来更美!"就这样,在班级里和小伙伴做游戏时,优优就会扮演花旦,沉浸在自己的快乐中。就连优优妈妈也会和老师说,优优在家里要妈妈播放京剧表演,她还和妈妈一起模仿电视里的人物进行唱戏。优优还说:"唱戏也不难,只要把声音拉得长长的就可以。"看来,优优已经慢慢找到京剧的精髓了。

最后,审美习惯的培养光靠幼儿园可不行,要做到家园携手,才能更好地助推文化传承。当优优他们逐渐发现了京剧的美,也乐意去感受与理解美,老师却发现自己满足不了他们的需求了。乐乐看了多媒体设备里的《校场比武》《智取威虎山》等,也想穿着戏服和小伙伴们一起在舞台上演一演。对于不善于表演的老师来说,这可被难倒了。为了满足乐乐,老师发动了家长。班上正好有一位家长是话剧演员,且有戏曲表演的经验。于是,老师邀请该家长担任京剧活动的家长助教,定期来园指导幼儿开展京剧表演。家长助教通过视频讲解分析和手把手指导等方式,帮助幼儿更好地理解表演中戏服、角色和身段等知识点。乐乐他们出演的《红娘》片段《扑蝶》已初具雏形,在合作表演的过程中,乐乐感受到了艺术的美,体验了与同伴合作表演的快乐,培养了艺术表达表现的能力。乐乐在活动中有了更加良好的审美体验,对审美内容也有了更加深入清晰的理解。

幼儿园京剧活动是一项综合性活动,其中涵盖了各个领域的内容,包括美术、音乐、文学等,这些内容都具有非常高的艺术感,本身就具有非常丰富的审美性。当前京剧教学资源较为丰富,幼儿教师应该妥善利用这些教学资源开展对幼儿审美能力培养的教学活动。注重环境的创设、教学内容的涉及、教师科学的指导,从而激发幼儿对京剧文化的兴趣,逐步引导幼儿去观察、尝试,深入了解,发现和感受京剧的美。

审美能力的形成,需要幼儿对审美内容进行有效体验,而且要在体验的同时,有深入的理解。幼儿审美能力的形成和提升是一个循序渐进的过程,教师不能操之过急,要稳扎稳打地做好每一步工作,充分发挥出幼儿园京剧活动的重要作用,加强幼儿的审美体验。同时,可以携手家长,挖掘家长的优质资源,共同提升幼儿审美的理解能力。

在幼儿园开展京剧活动的目的,不仅仅是传承中华优秀传统文化,还是为了培养幼儿的审美习惯,让幼儿在学习和实践创作中懂得欣赏美,并且生成感知美的能力,从而自主地创造美。

案例说明

中国的戏剧品种很多,京剧在中国戏剧中占有非常重要的地位。它是中国五大戏曲剧种之一,被视为中国国粹,位列中国戏曲三鼎甲"榜首"。京剧是清代徽班进京后,吸纳其他剧种长处而形成的,对幼儿园小朋友来讲,接受和理解都有难度。本案例从"梨园梦"体验区出发,让幼儿接触京剧,了解国粹文化,渗透京剧行当和服饰,通过创设环境、沉浸体验、家园互动等方式,逐步传播中华优秀传统文化,进行美的教育。